【云南省高层人才培养支持计划之"文化名家"项目资助】

交易成本、制度结构、关系网络与经济增长
——边境经济增长的跨学科分析

宋海啸 宋子疑 著

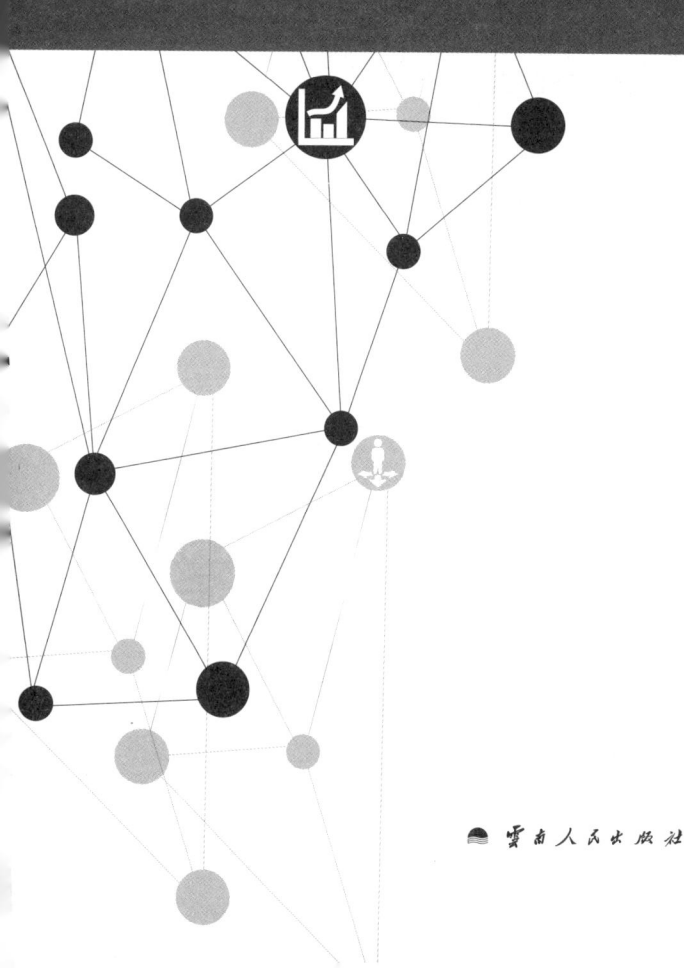

云南人民出版社

图书在版编目（CIP）数据

交易成本、制度结构、关系网络与经济增长：边境经济增长的跨学科分析 / 宋海啸，宋子疑著. -- 昆明：云南人民出版社，2024.6. -- ISBN 978-7-222-22884-9

Ⅰ. F127.74

中国国家版本馆CIP数据核字第20249KY036号

责任编辑：陶汝昌
责任校对：欧　燕
责任印制：代隆参
装帧设计：书海文化

交易成本、制度结构、关系网络与经济增长
——边境经济增长的跨学科分析

JIAOYI CHENGBEN, ZHIDU JIEGOU, GUANXI WANGLUO YU JINGJI ZENGZHANG
—BIANJING JINGJI ZENGZHANG DE KUAXUEKE FENXI

宋海啸　宋子疑　著

出　　版	云南人民出版社
发　　行	云南人民出版社
社　　址	昆明市环城西路609号
邮　　编	650034
网　　址	www.ynpph.com.cn
E-mail	ynrms@sina.com
开　　本	720mm×1010mm　1/16
印　　张	10.25
字　　数	150千
版　　次	2024年6月第1版
印　　次	2024年6月第1次印刷
印　　刷	云南宏乾印刷有限公司
书　　号	ISBN 978-7-222-22884-9
定　　价	58.00元

如需购买图书、反馈意见，请与我社联系
总编室：0871-64109126　发行部：0871-64108507　审校部：0871-64164626　印制部：0871-64191534

版权所有　侵权必究　印装差错　负责调换

目 录
CONTENTS

导 论 · 1
 一、问题提出：边境经济增长的理论解释及其局限 · · · · · · · · · · · · · 1
 二、理论构建：交易成本、制度结构、关系网络与经济增长 · · · · · · · · · 5
 三、理论应用：国际制度结构、经济发展战略、经济增长模式与边境
   经济增长 · 15

第一章　交易成本 · 21
 一、边界效应是边境经济增长的前提 · 22
 二、交易成本是边境经济增长的原因 · 25

第二章　制度结构 · 31
 一、边境国家经济协调机制 · 31
 二、边境国家经济合作机制 · 34
 三、边境区域经济治理机制 · 36

第三章　关系网络……39
一、"主导控制结构"关系网络……40
二、"联盟控制结构"关系网络……45
三、"代理人控制结构"关系网络……48

第四章　经济增长……52
一、国际制度结构建设……53
二、国际关系网络构建……59
三、经济增长模式选择……80

第五章　"海外云南"发展战略……96
一、问题提出："海外云南"发展战略与云南边境经济增长……98
二、理论构建："海外云南"发展战略的交易成本、制度结构、关系网络……100
三、理论应用："海外云南"发展战略的国际制度结构、经济发展战略、经济增长模式……114

余　论……150
一、国民总收入（GNI）与经济增长……150
二、海外发展战略与经济通缩应对……154
三、"海外云南"发展战略的数学计算……155

后　记……157

导 论

目前，在世界经济发展动力疲软的背景下，世界经济形势复杂严峻，世界经济复苏呈现不稳定不平衡特征，各类衍生风险暗流汹涌。在美国单方"退群"和世界各国联合"抗衰"的双重作用下，不同国家治理体系下经济运行出现各异绩效，国际经济秩序正在加速重构。值得关注的是，共建"一带一路"倡议的实施，世界经济出现了新的景象，表现出与逆全球化不同的经济特征，以跨境经济合作为主要特征的边境经济呈现出新特点，取得新发展。跨境产能合作、跨境金融、跨境旅游、跨境电商飞速发展，科技创新、制度创新、模式和业态创新不断出现，各种经济走廊——中巴经济走廊、中缅经济走廊、中国—中南半岛经济走廊和亚欧大陆桥相继建设，特别是中国以国内大循环为主体、国内国际双循环相互促进经济政策的实施，国内外经济要素有序流动、资源高效配置、市场深度融合的程度加深，以区域全面经济伙伴关系（RCEP）签署为标志，中国与周边国家开放合作、包容普惠、共享共赢的国际经济新秩序正在加快形成。这种边境经济发展和经济形态的出现，倒逼学界思考和理论创新，新的"边境经济学"呼之欲出。

一、问题提出：边境经济增长的理论解释及其局限

边境经济的形成和发展具有自己的独特性和规律性。近年来以美国与墨西哥、加拿大的边境经济，欧洲国家之间的边境经济，以及中国与周边国家之间

的边境经济以异乎寻常的态势在增长，边境经济增长以不遵循一般的经济增长规律吸引着学界眼球，它既不依靠传统"三驾马车"，也不遵循"新经济学"所提供的发展路径。这些独特性和规律性没有引起理论界足够重视，更没有被很好挖掘、归纳和提炼，导致现有经济理论对边境经济的发展解释乏力，以致该领域理论研究不能很好地为经济建设服务，更不能很好地为国家经济发展战略提供理论指导。

（一）制度经济学关于边境经济增长的解释及其局限

制度经济学引入制度作为经济分析的核心要素，其代表性人物康芒斯对"交易"的概念进行了准确定义，并依此揭示了"交易"与"制度"的内在联系，为制度安排促进边境经济增长的理论解释开辟了道路。康芒斯把"制度定义为集体行动对个人行动的控制"[①]，完整表述为"限制、解放和拓展个人行为的集体行动"，这一定义强调，"正是制度的约束性表现出了解放个人的一面，制度能够保护个人免受其他个性强制性或不平等的对待，这极大地拓宽了个人的行动能力，使他能够比独自行动收获更多"[②]。制度不但能从人性的角度促进创新诉求和经济增长，而且能最大限度规避经济风险，"未来以不确定性为标志，但制度的作用正是减少这种不确定性：制度经济学考察这样一个社会，'坦白地说，这个社会的未来是不可预测的，但能够在某种程度上受到洞察力和集体行动的控制'"[③]。

20世纪60年代兴起的新制度经济学，用成本-效益分析、制度供求及交易均衡分析等新古典经济学的分析方法去研究制度形成和运行问题。其代表人物诺斯通过对工业革命起源的解释，认为"有效的制度设计和实施是技术进步的

---

① ［美］康芒斯著，赵睿译：《制度经济学》，华夏出版社，2017年，第80页。
② ［法］贝尔纳·夏旺斯著，朱乃肖等译：《制度经济学》，暨南大学出版社，2013年，第34页。
③ ［法］贝尔纳·夏旺斯著，朱乃肖等译：《制度经济学》，暨南大学出版社，2013年，第37页。

原因"①。而且，不同的制度治理和制度改革对经济增长和产业集聚是有不同的影响的。谢里通过对中国制造业集聚的制度研究，认为："制度环境的改善，能降低企业生产与经营的内生交易成本，提高制造业地区集聚水平，贸易政策、投资政策、企业融资便利程度、产品的价格管制和政府的清廉程度都分别对制造业集聚影响显著。"②

制度经济理论对边境经济增长的制度安排做了很好的注释，对边境经济学的理论构建做了合理的支撑，但是该理论并无涉及制度的跨国问题，也就是全球治理（地区制度）的制度安排问题。对于什么样的跨国制度结构更加有利于边境经济增长、不同意识形态国家的经济制度安排是否会增加交易成本、对国土毗连的国家而言自由贸易区设立和国际产业垂直分工是否会形成经济依赖等等一系列问题，我们无法找到答案。

（二）新经济地理学关于边境经济增长的解释及其局限

与传统经济地理理论不同，新经济地理学并没有将边界视为"屏障"，反而将边境看作合作与经济一体化的机遇。克鲁格曼认为：自由贸易和经济一体化降低国际贸易成本并减弱边界对劳动力、资本等生产要素自由流动的影响；开放边界条件下的自由贸易化使经济活动主体的外向性增强，改变地区间乃至国家间的资源分配结构。在规模报酬递增的作用下，边境地区的竞争优势以及国家之间的分工与专业化模式也将得到自我强化，形成循环因果积累效应，以吸引更多的消费者和生产者向边境地区集中。③

这些理论对边境经济增长尤其对美墨加边境经济增长尤其具有解释力。对美墨加三国边境经济而言，经济增长的主要动力来源于自由贸易协定和经

---

① [美]D.诺斯，R.托马斯著，蔡磊等译：《西方世界的兴起》，华夏出版社，1999年，第3页。

② [美]谢里著，《制度安排、产业集聚与地区收入差距》，商务印书馆，2017年，第207-208页。

③ 安虎森等编著：《新经济地理学原理》，经济科学出版社，2009年，第82-89页。

济垂直分工。1994年1月北美自由贸易区宣布成立,《北美自由贸易协定》（NAFTA）规定逐步取消商品进口（包括农产品）关税和非关税壁垒,取消对服务业的关税限制和汽车进出口的管制,开展公平、自由的能源贸易。美国、墨西哥、加拿大三国以自由贸易区的形式来实现贸易、投资等方面的全面自由化,进而带动整个北美地区的经济贸易发展。1994—2014年的20年间,三国贸易增长了3倍,达到1万亿美元。其中美国—墨西哥贸易增长最快,达到522%。美国—加拿大贸易增长了200%。[1]在产业方面,美国汽车、电子、器械和机械等得到了快速发展,汽车供应链从美国延伸到墨西哥和加拿大。与此同时,三国能源贸易达到历史新高。2019年墨西哥石油产品出口额259.85亿美元（主要出口美国）,同比减少15.1%。[2]

尽管如此,新经济地理学仍然不能解释地缘政治（特别是战略对峙式的地缘政治）对边界开放起到的相反作用,出现悖论。在某些时候边境的存在,并不能促进经济的发展,更不能促进资源集聚,印巴边界就是一个典型的例子。

（三）空间经济学关于边境经济增长的解释及其局限

空间经济学是关于资源在空间的配置以及经济活动的区位问题的学科。该理论认为,在国际边境地区存在两种主要边境效应——"屏障效应"和"中介效应"。"屏障效应"是指成为阻碍空间相互作用的边界效应。由于边境地区的自然地理障碍,特别是政治和军事的对峙,边界成为国际经贸活动不可逾越的鸿沟;或是由于双边经济体制、政策的差异,双边经济联系减弱。"屏障效应"表现为负效应。"中介效应"是指具有彼此接触和交流的空间中介效应。由于边境两侧往往具有山同脉、水同源、人同种、话同语等有利条件,可以促

---

[1] M.Angeles Villarreal & Ian F. Fergusson, *NAFTA at 20: Overview and Trade Effects*, CRS Report, R42965, April 28, 2014, p.11.

[2] 商务部：《对外投资合作国别（地区）指南·墨西哥（2020年版）》, http://www.mofcom.gov.cn/dl/gbdqzn/upload/moxige.pdf。

进两侧的空间互动作用。"中介效应"表现为正效应。[①]"屏障效应"向"中介效应"转变的前提和条件是：边界开放，自由贸易，生产要素在边境地区自由流动，各国发挥比较优势，实现资源优化配置，以及经济福利提高，实现边界经济增长。两国的政治、军事争端可提升"屏障效应"，而彼此关系的改善则会恢复"中介效应"[②]。

空间经济学对边境经济的绩效评价有很强的指导意义，但是该理论无法解释中国人民抗日战争期间，战争并不能造成阻止华侨向母国经济行动的"屏障效应"，反而出现东南亚国家华侨更大规模对祖国的捐赠和支援行为；也无法解释"新冠疫情"期间，中国与周边国家相互之间加紧构建健康命运共同体的行为。是制度供给不足，还是关系网络不够，致使边境中介效应弱化呢？

上述问题思考及其解释，将会让我们过渡到一个新的经济理论——边境经济学理论。

二、理论构建：交易成本、制度结构、关系网络与经济增长

（一）边境经济学基本概念

1. 边境

边境，作为本理论的基础性概念，对应的英语词是"border"，用《剑桥英语词典》来解释，就是"A strip that goes around or along the edge of something（围绕或沿着某物边缘的条带）"。也就是说，边境是在相连的两个或多个民族国家边界两侧，具有一定宽度和纵深的带状地区。因此，通常也有"边境地区"这一说法。"边境地区"是以国家边界线为参照系，向内外延伸部分地区，英语为"border regions"。

[①] 李铁立：《边界效应与跨边界次区域经济合作研究》，东北师范大学博士论文，2004年。
[②] 王新哲：《从区位优势悖论到区位优势再造》，《广西民族大学学报（哲学社会科学版）》2009年5月第3期。

为了厘清本概念，还必须将"边界"和"边疆"两个概念区分开来。

边界，对应的英语词是"boundary"，用《剑桥英语词典》来解释，就是"A real or imagined line that marks the edge or limit of something（标记某物边缘或界限的真实或想象的线）"。边界是主权国家领土的分界线。对边界进行研究的是政治学家，他们从国家的起源、国家要素的组成、领土与边界的关系等角度进行研究，认为边界是国家政治、军事的分界线。政治学家对边界研究的主要内容是边界的划分、边界的演变等。边界具有"封闭属性""开放属性"与"情感属性"。郭荣星认为，边界主要有三大功能：一是司法界线功能，即边界精确地划定了该国家范围内所遵从的司法标准以及该国法律体系的影响范围；二是控制界线功能，即只要跨越到某边界以内也就进入了某个国家的控制范围；三是财政界线功能，即边界往往也规定了一个国家的财政运行范围。[①]

边疆，对应的英语词是"frontier"，用《剑桥英语词典》来解释，就是"The edge of land where people live and have built towns, beyond which the country is wild and unknown（开发地区边缘地带，边远地区）"。目前，没有统一对"边疆"的定义。按照周平教授给出的定义，"边疆就是国家疆域的边缘性部分，或者说，边疆是国家的边缘性疆域"。这一定义与著名的边疆学专家弗里德里希·拉采尔的定义相似，"边疆是国家、经济及民族领域的边缘性区域"[②]。综合起来，边疆具有边远、前沿之意，还有自边界向国内方向延伸的含义，不具有国际性。

实际上，本理论所论述的"边境经济学"与国内研究的"边疆学"和"边疆经济学"比较接近，但是又有严格的区分。

从20世纪90年代开始，"中国边疆学"进入一般学者的视界，其中一个任务就是对边疆问题研究的忧虑。杨明洪认为："现有的区域经济学并没有将边疆经济问题纳入研究视野，而对边疆经济问题的研究主要被囊括到中国少

---

① Guo R. *Border-Regional Economics*. Berlin: Physica-verlag, 1996.

② 杨明洪，《困惑与解困：边疆经济学还是经济边疆学？》，《华西边疆评论（第三辑）》2016年10月31日，第72页。

数民族经济的研究范畴，一旦进入中国少数民族经济的视野，边疆问题立即消失。"[①]他继而认为：纵观构建"边疆学"的历史与现实，研究发现，在中国倡导构建"边疆学"的学者从开始就将其与中国的边疆问题联系。中国的边疆问题又与中国统一的多民族国家的形成过程，以及相应的中国疆域的形成演化等问题密切相关。因此，当这些学者将这些问题说清楚或力图说清楚的时候，构建所谓"中国边疆学"的任务就旁落了。不少学者抱怨，从20世纪90年代开始倡导构建的"中国边疆学"是一个"烂尾工程"，更说明继续沿着构建"中国边疆学"的路线前进，可能是一个方向性错误。[②]

边疆是民族国家边界向内的有限区域，是一国内部行政区域。边境是两个民族国家之间的区域，被边境线所分隔，具有国际性。一般指两个民族国家相连的地区，但是在理论上，其空间上可以无限地延伸。只要跨过本边境线进行的所有经济活动，都是边境经济学的研究范畴。

2.边境经济与边界经济学

边境经济（Border economy）是指在相连的两个或多个民族国家边界两侧进行的经济活动状况。民族国家是边境经济的逻辑起点，现代民族国家建立之后，在边境线两侧的经济活动，出现了边境效应，在交易成本的作用下，边境经济自发地发展。基于共同发展、合作共赢精神，相关国家制定了基于优化关系网络的国际制度（优化制度结构），促进了边境经济的不断发展。边界经济学（Border economics）是研究边境经济结构、边境经济特点与运动规律、边境经济发展动力的科学。

（二）边境经济学理论的基本内涵

边境经济学以边境经济结构、边境经济特点、边境经济发展动力与运动规

[①] 杨明洪，《困惑与解困：边疆经济学还是经济边疆学？》，《华西边疆评论（第三辑）》2016年10月31日，第56页。

[②] 杨明洪，《关于"边疆学"学科构建的几个基本问题》，《北方民族大学学报（哲学社会科学版）》2018年第6期，第70页。

律为研究对象。其行为主体包括个人（边境居民）、企业、地方政府、国家，以及跨国公司与非政府组织等。其核心概念包括边境效应、交易成本、关系网络和制度结构。边境经济学具有国际性、民族性、隔离性、情感性等4个属性。其中：

国际性是指在成本-效益分析前提下，两国或多国经济行为体基于利益最大化或命运共同体原则而在边界两侧开展的国际性经济活动，具有跨国性质。

民族性是指边境经济在边界两侧居民之间展开，这些居民通常拥有共同的祖先和相似的历史，或具有相同的血脉，或同属一个民族，甚至在现代民族国家形成之前生活在一个体制之内。

隔离性是指边境经济被边界所隔离的、被国际边界条约所限制的，经济活动跨越主权国家边界，受到地缘政治的影响。

情感性是指边界经济并不完全遵循理性人和理性经济的活动规律，边界经济主体并不完全按照利益最大化的原则开展经济活动，这些活动受到人际关系网络、民族情感的制约。

（三）边境经济增长的主要内容

边境经济学认为，边境经济增长的根本原因是边境效应和交易成本的存在。在成本-效益分析前提下，加快边境经济发展在于国际制度结构建设、国际关系网络构建，以及边境经济增长模式选择。在现有条件之下，建设协调结构机制、合作结构机制和共生结构机制等国际经济治理机制，构建跨国社会关系网络，科学选择搭便车型、雁阵合作型和对称联盟型等边境经济增长模式，是规避边界屏蔽效应，发挥边界中介效应，促成边界综合效应的最佳道路。

1. 边界效应是边境经济增长的前提

中国学者李铁立认为，"边界效应是指边界对跨边界经济行为的影响，根据对边界本质的分析,我们将其概括为'屏蔽效应'和'中介效应'"[1]。消除边界"屏蔽效应",充分利用其"中介效应",被看成是实现经济全球化和地区经济一体化的关键。

在制度经济学者看来,"边界的屏蔽效应是阻碍跨边界交往和空间活动的一种现象,从经济学的角度我们可以将其概括为提高了交易成本的问题"[2]。由于交易成本的存在,边界交易有屏蔽效应和中介效应两种,屏蔽效应起到抵制边界交易作用,中介效应起到激励边界交易作用。

实际上,经过考察边界交易呈现出的特征远非如此。一方面,边界交易在出现屏蔽效应时,表现出来的特征比传统经济学所归纳的要复杂得多——抵制边界交易和激励边界交易同时出现。边界的屏蔽效应抬高了交易成本,抵制了边界交易,同时也刺激了需求,提高了边界收益,激励了边界交易,促进经济交往。这种现象在边民互市时尤其明显。总体上,以往的研究没有认识到边界的屏蔽效应具有双面性,屏蔽效应导致了差异、奇缺和需求,反而促进了边境交易和经济效益,促进了边境经济的增长。

另一方面,边界交易在出现中介效应时,表现出来的特征同样比传统经济学所归纳的要复杂得多——激励边界交易和抵制边界交易同时出现。边界的中介效应发挥着两国或多国彼此接触和交流的空间中介功能,是两国间经济、社会、文化等交流的中介面,是两国间接触和交往最频繁的地带。它的出现将会降低交易成本,产生激励边界交易、促进经济增长的效用。同时,中介效应让边境经济出现负面溢出效应,如便利走私、便利诈骗、假冒伪劣商品横行等,腐蚀了互信基础,反而起到抵制边界交易的作用。总体上,以往的研究,同样没有认识到边界的中介效应也具有双面性,中介效应也会导致供给均衡和遏制需求,反而抵制边境交易和提高交易成本,阻碍了边境经济的增长。

因此,边界效应有三个,而不是两个,它们是屏蔽效应、中介效应和综合

---

① 李铁立:《边界效应与跨边界次区域经济合作研究》,中国金融出版社,2005年,第48页。
② 李铁立:《边界效应与跨边界次区域经济合作研究》,中国金融出版社,2005年,第51页。

效应。为了实现边境经济增长的目标，不但要促进边界效应是由屏蔽效应向中介效应转化，还要统筹调动屏蔽效应、中介效应和综合效应。

2. 交易成本是边境经济增长的原因

交易成本（Transaction Costs）作为制度经济学经济分析的基本单位，1937年由罗纳德·科斯（Ronald Coase）提出后，经奥列弗·威廉姆森（Oliver·Williamson）1971年的发展，引起学界关注。威廉姆森认为，资产专用性、环境不确定性和交易的频率是影响交易成本高低的三个要素，资产专用性越高、环境不确定性越强、交易频率越低，交易成本越高；反之则越低。威廉姆森把交易归根于企业治理结构，即决定契约关系的企业是否具有完整组织结构，他认为降低交易成本的根本在于要选择恰当的治理结构或协调机制来匹配交易的三个要素。①

制度经济学主张用完善企业治理制度的方法来降低交易成本，最终实现经济增长。这种思路对完全市场条件下或自由交换经济背景下的经济增长具有很强的解释力，但是对于跨国生产、贸易和要素交换的情况下，制度经济学理论就无暇顾及。

边境经济学认为，交易成本能够促进边境经济增长，合理的国际制度——全球治理制度和地区治理制度安排，能有效降低边境经济交易成本。

3. 制度结构是边境经济增长的保障

国际制度通过降低交易成本来促进边境经济增长。在实践上，这些国际制度包括关税同盟、国际经济合作区、国际自由贸易区和经济共同体等。20世纪中后期，经济全球化潮流兴起和地区经济一体化蓬勃发展，出现了大量毗邻国家间边境地区的经济合作现象——跨境经济合作。问题的关键是，由于边境经济具有国际性和民族性，需要相关主权国家之间的协调、妥协与安排。因此，国际制度的结构，涉及边境经济的效率，一个结构合理的制度结构，是边

---

① ［美］奥利弗·威廉姆森、斯科特·马斯滕著：《交易成本经济学——经典名篇选读》，人民出版社，2008年，第23-31页。

境经济增长的根本保障。在目前情况下，边境经济国际制度结构主要包括3个层次：

一是边境国家经济协调机制。在边境经济合作的初期，边境相连国家为了解决涉及彼此间经济利益矛盾与问题，保障边境经济以较正常的秩序运行，相关国家针对汇率政策、贸易政策、货币政策和财政政策等进行协商和调整，或对边境经济活动采取联合干预、管理和调节的行为。实践中，边境相连国家在商品流通、劳务交换、资金流动等方面较易出现支付、兑换、储备资产供应及国际收支调节等问题，需要相关国家出面协调。

二是边境国家经济合作机制。随着边境经济合作进一步发展，边境相连国家需要机制化地解决共同面临的问题，需要建立国际经济合作机制。这些机制有综合性的，也有专门性的。如自由贸易区、关税同盟、共同市场、经济联盟，以及产品专业委员会、产品专业组织等。这些组织普遍具备联系、调控、减少交易成本与调节利益分配、监督等功能。目前我国与周边国家建立的经济合作机制主要有经济走廊、跨境经济合作区、边境经济合作区与自由贸易区等。

三是边境区域经济治理机制。目前，全球经济相互依存度在不断加深，地区经济一体化程度在进一步发展，边境经济界限日益模糊，人类社会发展面临越来越多的挑战，此时必须高举"合作共赢"大旗，建立边境区域经济治理机制，共同应对全球性和地区性挑战。但是，由于边境地区各国综合实力差异较大，利益诉求不相同，存在多样性和复杂性，出现"集体行动的困境"，因此在推行区域经济治理时，必须寻求边境区域经济治理机制创新。

这个机制创新的核心就是创新国际公共产品供给。对国际政治经济学中的"国际公共产品"理论进行改造和重构，提出"区域性国际公共产品"概念与理论，是解决这个问题的要点。中国学者樊勇明认为，只有服务和适用于本地区、其成本又是域内国家共同分担的国际性安排、机制或制度，才被称为"区域性国际公共产品"①。在边境地区，不存在具有压倒性优势的国家能够最大程度地减少和避免国际公共产品被某一个大国"私物化"的危险。同时，由于区域性国际公共产品的涵盖范围较小，各国从中得到的收益和必须付出的成本比较清晰，因而能在一定程度上减少"免费搭车"的现象，避免国际公共产品中普遍存在的供应不足问题。总体上，区域性国际公共产品的提供，可以根据双边和多边协议，分为单边提供、双边提供、多边提供3种。

4. 关系网络是边境经济增长的动力

传统经济理论不能解释地缘政治（特别是战略对峙式的地缘政治）对边界开放起到反作用的问题。某些时候，边境的存在，并不能促进经济的发展，更不能促进资源集聚，其原因就是"关系网络"的缺失，导致"群体认同"问题。在此情况下，边境经济的民族性和情感性在发挥作用。也就是说，如果存在国际关系的"结构洞"，边境经济增长就不可能顺利进行。

何谓"结构洞"？根据美国学者罗纳德·伯特的定义，是指非重复关系人之间的断裂位置②。换句话说，它是社会关系网络结构中的可能存在的"中介结点"，如果这个"中介结点"不存在了，那么网络将是非连续的，国际经济联系就不可以进行。

关系网络是能够促进边境经济增长的。罗纳德·伯特认为，处在"结构洞"上的关系资源拥有者比处在重复而密集的子网络中的那些行为体，在竞争中更具有优势，拥有这类"结构洞"的跨国行为主体能够获取更多的信息收益和控制收益：（1）信息收益。关系网络是信息传播的重要渠道。人们的经济机会取决于他们获得的信息的状况，而谁获得机会，何时获得这些机会，谁能够参与这些机会，影响着他们的收益。这就是所谓信息收益。处在"结构洞"上的行为体拥有更丰富的信息来源，他们更有可能获得更多的经济机会，取得

---

① 樊勇明：《从国际公共产品到区域性公共产品——区域合作理论的新增长点》，《世界经济与政治》2010年1月第1期。

② [美]罗纳德·伯特著，任敏等译：《结构洞——竞争的社会结构》，格致出版社，2008年，第18页。

更高的信息收益；（2）控制收益。控制收益是指竞争参与者通过左右多个竞争性的对手（有的是潜在竞争对手）而获得的优势。处在"结构洞"上的竞争者，能够在多个关系人乃至子网之间纵横捭阖，从而能够从中得到更多的控制收益[①]。

边境经济学理论的"关系网络"，可以分为"主导控制结构""联盟控制结构"与"代理人控制结构"三种：

一是"主导控制结构"关系网络。

在图1描绘国际社会关系网中，出现"主导控制结构洞"的形态。这个网中有三个子网，每个子网的内部关系均很密切，在三个子网之间，则存在着"结构洞"，而跨国行为主体"A"恰恰处于"结构洞"的位置。这个结构的要点是，"A"和"B""C"均建立了关系，通过"A"在结构洞上搭起了国际社会关系的桥。如果"A"撤离了，桥就断裂，结构洞就露出来。所以，处在结构洞上的"A"的位置非常重要，处于"主导"并"控制"的位置。占据了这个"结构洞"的跨国行为主体在国际竞争中具有左右逢源的机会和纵横捭阖的能力。

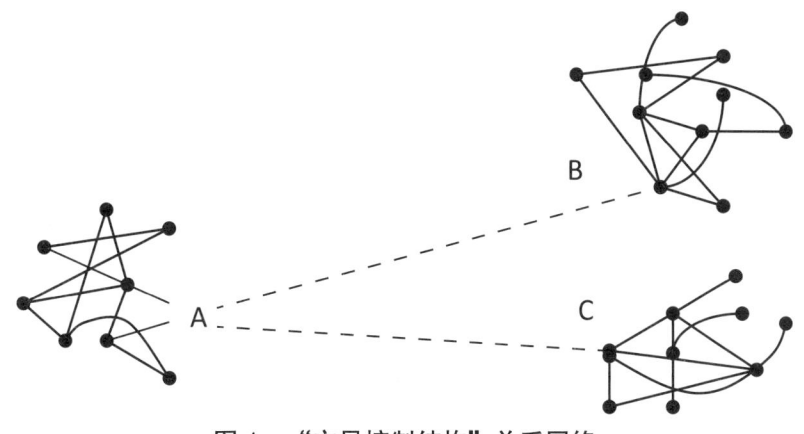

图1 "主导控制结构"关系网络

---

① [美]罗纳德·伯特著，任敏等译：《结构洞——竞争的社会结构》，格致出版社，2008年，第30-34页。

二是"联盟控制结构"关系网络。

承上所述，假如在边境国际经济合作中，"A"并没有占据"结构洞"的位置，也就是说该"中介结点"不存在，性质各异的跨国各子网间将出现断裂。换而言之，"A"唯有通过选择"盟友"，通过"共商、共建、共享"来获得信息收益和控制收益，这就是"联盟控制结构"，如图2所示。

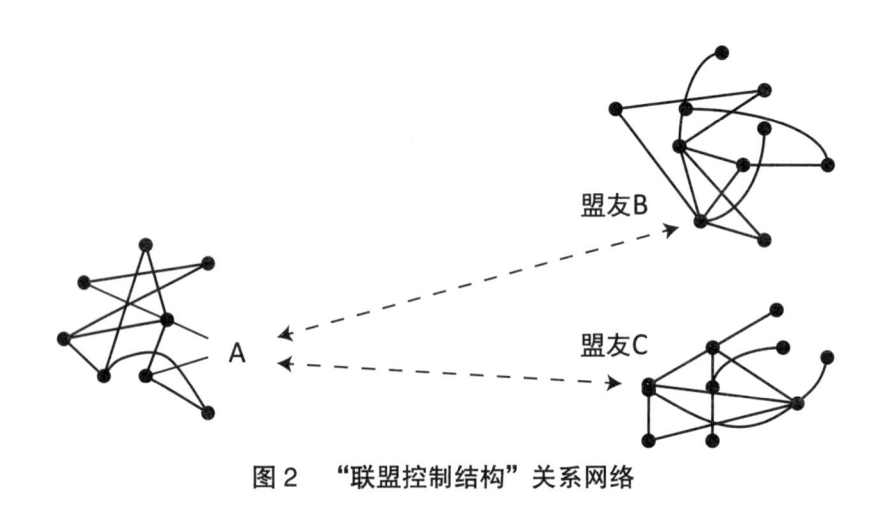

图 2 "联盟控制结构"关系网络

三是"代理人控制结构"关系网络。

在边境国际经济合作中，跨国行为主体由于缺乏直接和异文化群体成员交往的能力（比如语言不通或对其他国家的国情非常不了解），从而缺乏国际社会关系网络，跨国行为主体不得不依靠代理人。这时，代理人很可能就演变成了结构洞的控制者。跨国行为主体只能通过代理人分享获得信息收益和控制收益，这就是"代理人控制结构"。如图3所示。

国际社会关系网虽然提供了许多机会，但在机会面前，一些跨国行为主体更能够澄清机会，抓住机会；而另一些跨国行为主体则对机会视而不见，乃至丧失已经拥有的良好的网络结构，失去已经掌握的结构洞，从而失去经济发展的历史机遇。

图 3 "代理人控制结构"关系网络

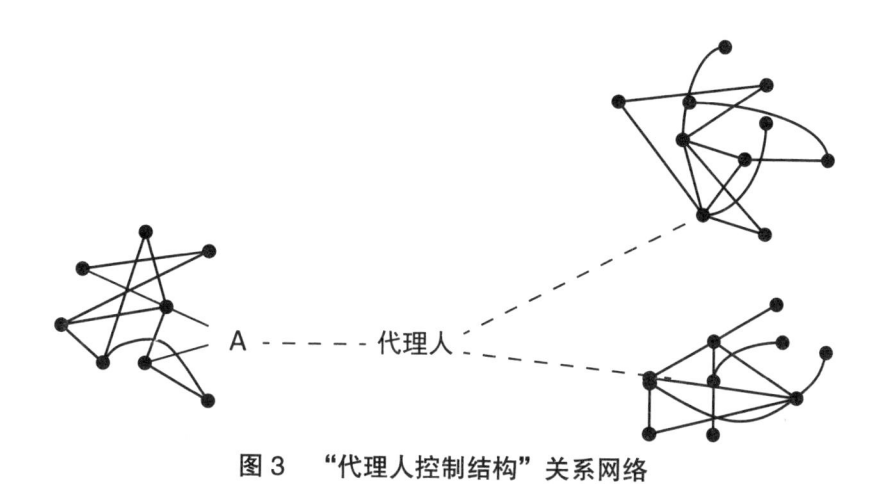

三、理论应用：国际制度结构、经济发展战略、经济增长模式与边境经济增长

2020年，边境经济成为中国经济的一大亮点。在疫情形势下，我国边境经济降幅普遍小于其他区域。2020年1—9月，在东北亚地区，中国与日本进出口额达到2298.4亿美元，同比下降1.1%；与韩国进出口额达到2072.1亿美元，同比下降1.5%。在东南亚地区，中国与东盟经济合作则仍然呈增长态势，进出口额达到4818.1亿美元，同比增长5.0%；中国与越南经济合作更是亮点，进出口额达到1309.8亿美元，同比增长15.6%。[①]在我国推进加快形成以国内大循环为主体、国内国际双循环相互促进的新发展格局背景下，周边亚洲国家以其优越的地理位置，和与我国密切的经济联系，边境经济的发展有望成为我国新发展格局的有利补充和延伸。未来，边境经济可以在优化的国际制度结构、有利的经济发展战略、合适的经济增长模式下得到快速的发展。

---

① 中华人民共和国商务部亚洲司：《2020年1—9月中国与亚洲国家（地区）贸易统计》，http://images.mofcom.gov.cn/yzs/202010/20201026161640537.pdf。访问时间：2021年2月22日。

（一）国际制度结构建设

在边境经济地区，根据边境经济的成熟程度以及不同的发展阶段，在相互尊重、协商一致、互利共赢的基础上，按结构层次，可以建立"协调结构""合作结构"与"共生结构"国际制度。

1. 协调结构机制

针对边境地区发生的经济利益矛盾与问题，建立多层次、多领域的经济协调机制，及时解决商品流通、劳务交换、资金流动等方面出现的问题和纠纷。目前情况下，在东南亚方向，继续通过中国—东盟领导人非正式会议、中国—东盟特别外长会议、部长级会议等国际协调机制，重点在财政税收政策协调、产业合作关系协调、投资政策协调、金融协调政策等"卡脖子"方面取得突破。

2. 合作结构机制

随着边境经济合作进一步发展，我们需要与亚洲周边国家机制化地解决共同面临的问题，建立更高层次的国际经济合作机制。目前条件下，应大力提高上海合作组织、中国—东盟合作机制，以中日韩三国经济合作为基础，建立东北亚合作机制。全面落实中国—东盟自贸区各项协议，以及推进区域全面经济伙伴关系协定（RCEP）实施。

3. 共生结构机制

在中国与亚洲周边国家之间，高举"合作共赢"大旗，实施"集体行动"，共同应对全球性和地区性挑战，以构建中国与周边国家命运共同体为目标，建立共生结构的国际经济合作机制。根据国际协议，提供区域性国际公共产品，允许"免费搭车"的现象，实现多赢格局。

（二）国际关系网络构建

综合考察中国与周边国家的国际交往和国际经济合作状况，针对周边国家不同地区、不同国际社会关系网络，以国际公共产品供给为抓手，制定了不同的边境经济发展战略，主要考虑包括"母国发展战略""飞地发展战略""联盟发展战略"和"代理人发展战略"等四大战略。这些战略可以同步推行，也可以依照实际情况，次第推进。

1. 母国发展战略

该战略旨在利用跨国合作主体在国内社会关系网络"主导控制结构"中的有利地位，发展"沿边开放经济带""边境经济合作区""跨境经济合作区"。

2. 飞地发展战略

该战略旨在利用跨国合作主体在国际社会关系网络中处于"主导控制结构"的有利地位，在有关国家（主要在东南亚和南亚国家），选择基础设施互联互通条件较好的港口、边境口岸、交通枢纽等合适地点，采取购买、租赁等办法，购置飞地，建立直属中国政府的"离岸经济特区"。在不触碰所在国法律底线的前提下，特区内实施高度自由的经济政策，包括贸易、加工、金融、物流、服务等一系列自由政策，实质推进对外贸易由单纯口岸贸易向口岸贸易、服务贸易、离岸贸易转变，经济增长由国内市场依赖型向国际市场利用型转变。

3. 联盟发展战略

该战略针对跨国合作主体国际社会关系网络中处于"联盟控制结构"的状况，在国际"朋友圈"内，寻找一些具有共同价值观的国家、国际组织、跨国公司作为联盟合作伙伴，以"共商、共建、共享"理念为指导，在权责利相一致的条件下，在边界相连国家建立"国际产能合作园"。园区在尊重相关国家、合作伙伴利益的基础之上，跨国合作主体主要扮演国际公共产品供给者、国际产能合作推动者、国际产能合作园区管理者等角色，与合作方一起，服务全球组织、公司和个人。

4. 代理人发展战略

该战略针对跨国合作主体在国际社会关系网络中处于"代理人控制结构"的状况，在一些对象国家中，跨国合作主体由于缺乏直接国际社会关系网络，以及与异文化群体成员交往的能力，但是鉴于该地区拥有国内发展经济所需要的资源、能源、市场或技术、资金、人才，不得不依靠当地代理人来建立"海外发展平台"。平台的代理人可以是当地政府、公司和个人，也可以是国际上其他政府、公司和个人。跨国合作主体主要扮演平台设计者、推广者，平台资源保障者等角色。

（三）经济增长模式选择

边界相邻国家之间，由于国家综合实力不同，国情各异，经济增长模式也不一致。基于国家自主性和理性人的假设，相关国家之间可以而且应当采取不同的经济增长模式。科学选择"搭便车型""雁阵合作型"和"对称联盟型"等边境经济增长模式，是规避边界屏蔽效应，发挥边界中介效应，促成边界综合效应的最佳道路。

1. 搭便车型

由于边界经济具有不能排他的共同利益存在，一些边界相连国家可以选择"搭便车型"经济增长模式，这应该为国际公共产品提供者所允许和鼓励。美国学者曼瑟尔·奥尔森认为集体利益是集团的公共物品，因而具有非排他性，也就意味着任何集团成员为集体利益作贡献所获得的收益必然由集团中所有的成员共同且均等地分享，而无论他们是否为之付出了成本。这种非排他性就为集体成员"搭便车"预留了地盘，提供了可能。[①]一些实力较小国家可以选择"搭便车型"经济增长模式。

2. 雁阵合作型

由于边界相连国家之间资源禀赋不同，国际分工不一，国家经济实力也有差异，在地区经济一体化加快的前提下，相关国家之间或基于历史习惯或基于制度安排，形成了一个或多个国家领衔，一群国家跟进的"雁阵合作型"经济发展模式。历史上"东亚模式"就是这个类型，目前正在实施的"1+10"（中

---

① ［美］奥尔森著，陈郁等译：《集体行动的逻辑》，上海人民出版社，1995年4月，第31-33页。

国—东盟、日本—东盟、韩国—东盟）和"3+10"（中、日、韩—东盟）也是这个类型。

3. 对称联盟型

一些边界相邻国家，由于国内资源禀赋相当、国家经济实力接近、人口规模基本一样、产业分工趋同，他们联合自强，在对等原则之下，结成经济同盟，甚至形成经济共同体，以一个声音说话，共同应对全球经济挑战。历史上的"欧共体"以及目前的"欧洲联盟""东南亚国家联盟"和"石油输出国组织"就这个类型。

（四）"海外云南"发展战略

在目前条件下，如何释放内需潜力，扩大有效投资和社会消费？如何做强实体经济，推进产业强省？如何推进重大基础设施建设，完善现代基础产业体系？如何推进数字云南建设，强化数字赋能？如何坚持农业农村优先发展，夯实乡村振兴基础？如何推进新型城镇化，促进区域协调发展？如何深化重点领域改革，激发市场主体活力？如何推进高水平对外开放，以大开放促进大发展？如何推进创新驱动发展，加快建设创新型云南？如何提高生态环境质量，推进绿色低碳转型？等等。

特别重要的一个问题是，相对于传统的经济增长模式，云南经济增长新动能在哪里？如何发展新产业、构建新业态、凝练新商业模式？上述问题思考及行动，让我们再次过渡到一个新的经济发展模式——"海外云南"发展战略。

"海外云南"是云南省居民、企业、各级政府，以及跨国公司与非政府组织在中国境外以及与境外机构相关联的一系列经营活动行为，以及经济与非经济产出成果的总称。其核心概念包括：国内生产总值（GDP）、国民总收入（GNI）、国外净要素收入、劳动者报酬、财产收入等。在成本-效益分析前提下，制定各种加快边境经济发展措施，实施"海外云南"发展战略。

为实现经济高质量发展，合适的国际制度结构建设、国际关系网络构建和边境经济增长模式选择，是"海外云南"发展战略设计的着力点。在现有条件之下，在云南与周边国家的经济合作关系中，回应边境经济学理论，建设协调结构机制、合作结构机制和共生结构机制等国际经济治理机制，构建跨国社会关系网络，科学选择搭便车型、雁阵合作型和对称联盟型等边境经济增长模式，是规避边界屏蔽效应，发挥边界中介效应，促成边界综合效应的最佳道路。

"海外云南"发展战略实施策略：

一是维护边境的和平与稳定，充分发挥云南边境区位优势，激发跨境族群积极性，促进边界效应由"屏蔽效应"向"中介效应"转变。

二是注重改善基础设施，深化国际次区域合作，降低交易成本，促进边境经济增长。

三是提升边境国家经济协调机制，强化边境国家经济合作机制，加强边境区域经济治理机制，以制度结构保障边境经济增长。

四是因地制宜发展国际关系网络，一国一策优化国际关系网络，以关系网络凝聚边境经济增长动力。

在实践上，一要通过制度创新，加快建设共生型国际制度结构；二要根据国际关系网络性质，选择不同的"海外云南"发展战略类型；三要根据国际国内经济技术发展趋势，灵活采取不同的经济增长模式。

云南经济发展道路，在于深刻理解国家领导人所说的"云南优势在区位，出路在开放"，并付诸实施，其重点是经济增长模式选择。在目前条件下，云南首先可以采取"搭便车型"经济增长模式：一是在"国内云南"搭长江经济带区域发展便车；二是在"国外云南"让东南亚国家搭澜湄发展便车。其次，云南因地制宜，可以采取"雁阵合作型"经济增长模式：一是在云南不占据优势的领域，加入经贸发展"雁阵"；二是在云南占据优势的领域，充当产业发展"雁头"。最后，"海外云南"发展战略要注意采用"对称联盟型"经济增长模式：一是国内对称联盟发展模式；二是国外对称联盟发展模式。

第一章
交易成本

边境经济学认为，边境经济增长的根本原因是边境效应和交易成本的存在。

交易成本（Transaction Costs）作为制度经济学经济分析的基本单位，1937年罗纳德·科斯提出后，经奥列弗·威廉姆森1971年的发展，引起学界关注。威廉姆森认为，资产专用性、环境不确定性和交易的频率是影响交易成本高低的三个要素，资产专用性越高、环境不确定性越强、交易频率越低，交易成本越高；反之，则越低。威廉姆森把交易归根于企业治理结构，即决定契约关系的企业是否具有完整组织结构，他认为降低交易成本的根本在于要选择恰当的治理结构或协调机制来匹配交易的三个要素[1]。

罗纳德·科斯的基本思路是围绕交易费用节约这一中心，把交易作为分析单位，找出区分不同交易的特征因素，然后分析什么样的交易应该用什么样的体制组织来协调。他认为，交易成本是获得准确市场信息所需要的费用。也就是说，交易成本由信息搜寻成本、谈判成本、缔约成本、监督履约情况的成本、可能发生的处理违约行为的成本所构成。

---

[1] ［美］奥利佛·威廉姆森，斯科特·马斯滕著：《交易成本经济学——经典名篇选读》，人民出版社，2008年，第23-31页。

一、边界效应是边境经济增长的前提

中国学者李铁立认为,"边界效应是指边界对跨边界经济行为的影响,根据对边界本质的分析,我们将其概括为'屏蔽效应'和'中介效应'"[①]。消除边界"屏蔽效应"、充分利用其"中介效应",被看成是实现经济全球化和地区经济一体化的关键。

在制度经济学者看来,"边界的屏蔽效应是阻碍跨边界交往和空间活动的一种现象,从经济学的角度我们可以将其概括为提高了交易成本的问题"[②]。由于交易成本的存在,边界交易有屏蔽效应和中介效应两种,屏蔽效应起到抵制边界交易作用,中介效应起到激励边界交易作用。

实际上,经过考察边界交易呈现出的特征远非如此。一方面,边界交易在出现屏蔽效应时,表现出来的特征比传统经济学所归纳的要复杂得多——抵制边界交易和激励边界交易同时出现。边界的屏蔽效应抬高了交易成本,抵制了边界交易;但是同时也刺激了需求,提高了边界收益,激励了边界交易,促进经济交往。这种现象在"边民互市"时,尤其明显。总体上,以往的研究,没有认识到边界的"屏蔽效应"具有双面性,"屏蔽效应"导致了差异、奇缺和需求,反而促进了边境交易和经济效益,促进了边境经济的增长。

另一方面,边界交易在出现中介效应时,表现出来的特征同样比传统经济学所归纳的要复杂得多——激励边界交易和抵制边界交易同时出现。边界的"中介效应"发挥着两国或多国彼此接触和交流的空间中介功能,是两国间经济、社会、文化等交流的中介面,是两国间接触和交往最频繁的地带。它的出现将会降低交易成本,到达激励边界交易,促进经济增长的效用;但是同时"中介效应"让边境经济出现负面溢出效应,如便利走私、便利诈骗、假冒伪

---

① 李铁立:《边界效应与跨边界次区域经济合作研究》,中国金融出版社,2005年,第48页。
② 李铁立:《边界效应与跨边界次区域经济合作研究》,中国金融出版社,2005年,第51页。

劣商品横行等，腐蚀了互信基础，反而起到抵制边界交易的作用。总体上，以往的研究，同样没有认识到边界的"中介效应"也具有双面性，"中介效应"也会导致供给均衡和遏制需求，反而抵制边境交易和提高交易成本，阻碍了边境经济的增长。

边界效应有三个，它们是屏蔽效应、中介效应和综合效应。

屏蔽效应

国外学者麦克科卢姆（McCallum）和布罗克（Brocker）采用加拿大边境省与美国相关州之间贸易数据，以及欧盟内部国家间贸易流进行研究，证明了国家边界对贸易具有显著的屏蔽效应。屏蔽效应可分为显性屏蔽效应和隐性屏蔽效应：显性屏蔽效应主要指与国家贸易政策相关联的壁垒，隐性屏蔽效应影响指由于社会、文化、习俗等差异导致的交易成本。显性屏蔽效应还体现为国家为维持其经济自主和发展本地产业，往往以关税和非关税贸易壁垒等方式限制贸易和生产要素的流动。隐性屏蔽效应表现为一国或地区成员的地域民族文化认同感与信任感，包括人类认知遵循空间距离衰减规律进而对边界两侧交流形成的阻碍。屏蔽效应强度是核心问题，目前研究揭示，边界效应在产品差别程度高的产业更大，中间产品贸易的国内边界效应比最终产品贸易大2倍，并且企业集中的地理条件将明显地减弱边界效应[1]。美国学者安德尔森（Anderson）利用美国和加拿大间的贸易流量进行分析，指出国家经济规模越小，自由贸易协定下边界效应下降对国内贸易的促进作用越大[2]。

中介效应

边界开放属性现在国家间总是存在着一定的物质、信息的交流，边界作为

---

[1] Requena F, Llano C. *The border effects in Spain: An industry-level analysis*. ETSG Annual Conference. Vienna, 6-9 September Version, 2006.

[2] Anderson J E, Eric van Wincoop. *Gravity with gravitas: A solution to the border puzzle*. The American Economic Review, 2003, 93（1）：170-192.

两国间的中介面，表现出其中介效应。

国际经济学中著名的赫克歇尔-俄林理论指出，各国的要素禀赋差异是产生国际贸易的原因。国际贸易导致产品相对价格变动，相对价格又影响要素所有者的相对收入，这说明国际贸易的收入分配效应是很强的。国际贸易会使一国相对丰裕资源的所有者得利，同时使相对稀缺资源的所有者亏损；因此，应该各国应基于自身资源禀赋情况，出口具有比较优势的产品，参与国际贸易。形式上，商品交换突破了国家边界的限制，本质上，劳动交换增进了贸易参与国的福利；因此，开放边界进行国际贸易可以提升中介效应，降低屏蔽效应。

如何促使边界的"屏蔽效应"向"中介效应"的转化，有人提出了跨境民族解决方案：由于跨国界民族与跨居于毗邻国家的那部分同源民族之间具有"民族同宗、文化同源、江河同流"的特殊联系，他们之间这种以共同的民族感情、文化心理意识和地缘关系为基础的长期的联系和往来，在促进跨边界经济交往过程中充当着"天然桥梁"和"人文通道"的作用，对于促使边界的"屏蔽效应"向"中介效应"的转化发挥着不可替代的作用[①]。

也有人提出区域经济一体化对策：自20世纪90年代"经济全球化"被提出以来，诸多实践证明，国家边境地区的经济一体化合作会使边界发挥出积极正面的效应。在全球范围内，区域经济一体化可以按参与国发展状况分为三种类型，分别是完全由发达国家组成的北—北型，如欧盟（EU）；发达国家与发展中国家共同参与的北—南型，如北美自贸区（NAFTA）和完全由发展中国家参与的南—南型，如中国—东盟自贸区（CAFTA）。

综合效应

综合效应含义就是为了实现边境经济增长的目标，不但要促进边界效应是由"屏蔽效应"向"中介效应"转化，还要统筹调动屏蔽效应、中介效应和综

---

① 彭朝荣等著：《跨国界民族在转化边界"屏蔽效应"中的作用》，《商场现代化》2008年总第551期，第17页。

合效应。

二、交易成本是边境经济增长的原因

新制度经济学的显著特征是坚持交易是有成本的。这一特征使新制度经济学比其他经济学更为现实，因为人们在进行经济活动时，总是面临着有限理性和信息不完全，这就使人们不可能像新古典理论所设想的那样在无交易成本的情况下进行决策。

按照交易成本理论，在经济交往中，经济主体如果具有相同的文化、社会属性，经济交往的社会规则就相对比较明确，经济主体对潜在的经济交往利润的分割就有着较好的包容和预期，交易成本就有可能趋于最小化；但是，如果主体间文化、社会属性存在较大差异，甚至对立的话，那么彼此就将感到有必要限制对方可能采取的欺骗、偷懒、搭便车、道德风险等行为。因此，就要制定一系列契约规则来限制对方、保护自己，从而使交易成本大大增加。但是，如果民族边界与国家边界并不重合，则边界两侧就会具有相似或相同的文化社会属性，这将极大地降低由于边界带来的交易成本的提高。

根据新制度经济学理论，广义交易成本是为谈判、履行合同和获得信息所需要运用的全部资源。威廉姆森在1985年出版的《资本主义经济制度》一书中对交易成本作了更明确的规定，并将其区分为"事先的"和"事后的"两类。事先的交易成本是指"起草、谈判、保证落实某种协议的成本"。在签订契约关系时，交易关系的当事人都会对未来的不确定性产生困扰，因此需要事先规定双方的权利、义务和责任，而在明确这些权利、义务和责任的过程中是要花费代价的，这种代价的大小与某种产权结构的事先清晰度有关。事后的交易成本是交易已经发生之后，它可以有许多形式，包括当事人想退出某种契约关系所必须付出的费用、交易者发现事先确定的价格有误而需要改变原价格所必须付出的费用、交易当事人为政府解决他们之间的冲突所付出的费用，以及为确保交易关系的长期化和连续性所必须付出的费用等。

交易成本涉及实际资源的消耗，也就是说进行上述社会交易（包括经济交易）都需要资源。因此，阿罗把交易成本定义为"经济体系运行的成本"（1969，48）。但除了这种日常成本以外，交易成本还包括建立、维持或改变一个体系的基本制度框架的成本。因此，相对于正式制度来说，交易成本来自建立、维持和改变这些成本：法律意义上的制度（宪法和民法）；权利意义上的制度（如根据自愿协商的劳动合同而产生的具体索取权）。此外，由于存在与基本的正规制度运行相联系的非正式活动，也会出现交易成本。

关于市场交易成本，科斯在1960年的《社会成本问题》一文中说：市场交易成本主要由信息成本和讨价还价成本构成。一般来说，在完全竞争市场上也不会发生匿名交易。典型的情况是，潜在的交易对象必须相互搜寻对方。一旦这种有兴趣的交易者相互接触，他们就要了解更多东西。具体来说，包括交易对象是谁，他愿意且能够达成什么协议。因此，要通过协商来找到有效率的交易，并确立具体的交换条件。交易也可能需要法律保障。由于可能会出错，因而必须监督合约的实现。在某些情况下，甚至需要通过法律行动来执行合约。使用市场的代价可以更具体地分为以下三类：一是准备合约的成本（狭义定义的搜寻和信息成本）；二是确定合同的成本（讨价还价和决策的成本）；三是监督和执行合同责任的成本。

交易成本是用来描述达成和履行合同协议的阻碍术语。这一成本被认为是"经济系统运作的成本"（阿罗，1969：60），与讨价还价、签订契约和监督契约履行等等活动有关，这些活动都不是直接的生产性活动，而是在交易者之间协调活动的时候产生的行为。

交易成本的存在源于人类两大天性（威廉姆森，1975，1985）：一方面是有限理性（bounded rationality），指的是尽管个体期望以理性的方式行动，但是他们的知识、预见、技能和时间等都是有限的，这一切都阻碍了个体完全理性的行动（赫伯特·西蒙，1957，1961）。由于有限理性的存在，个体不能瞬间解决复杂问题，也无法预知未来所有可能发生的事；对于他们所预见到的突发事件（contingency），他们也不能总是计划周详并有效的做出恰当的反应。

此外，因为每个人都有这一局限性，所以不存在能够为交易者提供上诉帮助的、准确而且廉价地解决协议纠纷的全知全能的第三方。另一方面，因为至少部分个体存在机会主义行为倾向（威廉姆森，1975，1979），交易的潜在收益有可能无法实现。尽管合作提高了从交易中得到的价值，所有交易都蕴藏潜在的冲突：每一交易者都希望从交易中攫取尽可能大的利益份额。机会主义（Opportunism）指交易者背信弃义、合同欺诈、逃避责任、规避法律、钻空子的意愿，或者其他各种为了尽可能榨取更大份额的交易产生的租金而利用交易对手弱点的意愿和行为。（当然，并不是所有人都是如此不道德，但是有限理性决定了很难区分诚实可靠的和厚颜无耻的行为，这使得对机会主义行为保持警惕成为谨慎的做法。）

在现行贸易体制之下，所有损害出口国和进口国价格的因素都会造成贸易成本上涨，并影响贸易流动。在边境经济中，贸易成本的定义包括贸易政策，如关税和非关税措施。虽然关税可以直接衡量，包括从价关税和从量关税，而且对贸易流动的影响相对易于评估，但非关税措施等其他贸易政策的成本和贸易影响，则很难衡量。例如，对进口农药适用最大残留量，可能会增加或减少贸易，或可能导致拒绝发货，这取决于进口是否符合规定。其他贸易成本，如运输成本、行政管理和交易成本，以及因边境清关延误产生的成本，也难以衡量，或者现有数据不足以支持衡量。距离、共同语言、信息可得性和法规执行也在决定贸易成本方面发挥作用。运费和关税等可衡量成本易于评估，但为了衡量信息和体制因素以及非关税措施相关成本，分析家们转向经济模型。这些模型将贸易流量与可衡量变量相联系，如价格差异、共同语言或共同边境、距离或参与贸易协定情况，通过将贸易流量与理论预测值相联系，考虑到不可衡量的成本。亚洲及太平洋经济社会委员会和世界银行集团的一项重要举措是利用建模框架估算贸易成本。以这些模型为基础，分析家们得出结论，二战后贸易繁荣大约33%是由于贸易成本下降。

关于降低贸易成本的措施，可分为关税和非关税两种。

首先是关税措施。通过乌拉圭回合协议，包括1995年的《农业协定》，世贸组织成员承诺不以关税以外的任何手段限制进口，并将其税率保持在为各国确定的阈值之内。许多国家适用的关税低于最高限值。《农业协定》促成的此类单方面关税削减，加之区域协议中的减让，实现了实质性贸易自由化。适用关税大幅削减。据估计，多边、单边和区域性减让促使全球粮食和农业平均关税水平下降约27%。此类削减提高了市场开放度，大幅促进贸易发展。然而，研究发现，中低收入国家关税削减程度低于高收入经济体，而且，2008年金融危机之后，中低收入国家降低适用关税的过程变得不那么重要。相比较而言，非农业部门降低关税更为有效。一般来说，工业品适用的关税明显低于农产品的关税。许多低收入和中等收入国家降低了制造业和其他工业产品的贸易壁垒，促进全球价值链参与度。农业关税仍然相对较高，特别是低收入和中等收入国家，这意味着该部门保护水平相对较高，对比较优势发挥影响可能产生较大的负面影响。

其次是非关税措施。与其他部门相比，农业部门非关税措施更为普遍，导致农业贸易成本相对较高。粮食和农业贸易受到非关税措施的影响最为严重，无论是集约边际还是广延边际，即贸易总额和贸易产品总量都是如此。几乎100%的粮食和农产品进口均须遵循非关税措施，而其他所有部门的平均比例为40%。粮食和农产品受到严格监管，每种产品施加的非关税措施数量最多。一般而言，一种食品面临八种不同的非关税措施，而所有其他部门的产品只面临不到两种非关税措施。非关税措施增加了贸易成本，特别是进口国与出口国适用不同法规的情况。在此情况下，出口国面临其他贸易成本，包括：了解并处理进口市场相关要求信息；根据这些要求调整生产过程；证明这些要求得到满足。研究通过对110个国家的法规分析证据表明，与非关税措施有关的贸易成本致使农产品进口价格增加近15%的从价等值。还存在一些与非关税措施相关的隐性成本。向不同目的国市场出口且面临不同标准的企业，例如不同的标签要求，必须生产不同版本的产品，这在效率和规模经济方面产生了巨大成本。低收入国家面临的非关税措施相关成本明显高于高收入经济体。粮食和农业领域非关税措施十分普遍，粮食和农产品占低收入国家出口很大一部分。运输和通信基础设施较差、组织和技术能力低下，导致低收入国家遵守标准的成本高于发达经济体。据估计，低收入国家与高收入国家相比，非关税措施导致从价贸易成本等值增加3个百分点。虽然《实施卫生与植物卫生措施协定》和《技术性贸易壁垒协定》相关条款提高了贸易成本，但也能加强对进口产品的需求，从而促进贸易。在粮食和农业领域，遵守《实施卫生与植物卫生措施协定》措施对于确保消费者、动植物健康以及保护环境至关重要，提升了消费者对进口产品的信心。统一各国非关税措施对于降低成本和加强贸易非常重要。区域贸易协定往往包括在监管和标准方面加深合作的条款，促进其成员之间进行贸易。

还有其他贸易成本。学界研究工作侧重于弄清贸易摩擦成本。除了非关税措施相关成本外，还包括直接成本，如运费和保险费，以及间接成本，如进出口程序相关费用、法律和监管费用、使用不同货币和不同语言相关费用以及边境清关延误费。此类贸易成本很少直接衡量，因为并非如关税那般直观，但往往通过模型加以估计和推断。尽管人们关注全球化，但贸易很大一部分在地理邻近的国家之间进行。物理距离增加了贸易成本，邻国贸易相对成本更低。各种距离效应的实证研究表明，一般而言，距离增加10%会导致贸易流量减少约0.9%。距离因素十分重要，在决定贸易成本和贸易流量方面作用显著。尽管距离和贸易之间仍然存在这种负向关系，但不同商品和国家的贸易成本差异很大。粮食和农业贸易成本往往比其他产品（如制造业）高得多。例如，肯尼亚和乌干达（接壤的撒哈拉以南非洲低收入和中等收入国家）之间的双边贸易流动，农产品从价贸易成本为130%，制成品为78%。在高收入国家，农产品和制造业贸易成本也存在差异。例如，法国和德国（欧盟两个相邻成员）之间的农产品贸易成本从价等值达到65%，而制成品相应数值为31%。此类贸易成本高会抑制国际贸易，粮食和农业与制造业之间的贸易强度显然也不同。粮食和农产品价值重量比低，导致贸易成本高于制造业。运输价值1000美元的小麦比运输1000美元的移动电话需要更多燃料和承载工具，因此，相对于移动电话而言，运费造成的小麦进口价格涨幅更高。

最后，还存在难以衡量的隐性成本。研究发现对于易腐农产品而言，边境清关延误的代价可能尤为高昂。根据平均估计值，对于食品和饮料而言，边境延误一天相当于3.1%的从价贸易成本，而对于消费品和资本货物而言，这一数值为2%。另一项研究发现，低收入国家农业进口延误相关成本可能达到400%的从价等值，高收入国家则为30%。一般而言，基础设施差、体制薄弱和市场失灵导致许多低收入国家贸易成本高昂。例如，运输网络不发达、管理能力低下和信息不对称会发生与边境清关延误相关的高额成本。低收入国家和高收入国家之间贸易成本差异可能很大。相比其他部门，粮食和农业贸易成本往往不仅较高，而且低收入国家面临的农业贸易成本甚至高于高收入国家。

制度经济学主张用完善企业治理制度的方法来降低交易成本，最终实现经济增长。这种思路对完全市场条件下或自由交换经济背景下的经济增长具有很强的解释力，但是对于跨国生产、贸易和要素交换的情况下，制度经济学理论就无暇顾及。

边境经济学认为，交易成本能够促进边境经济增长，合理的国际制度——全球治理制度和地区治理制度安排，能有效降低边境经济交易成本。

在过去十年中，使用贸易政策工具的逐步转变是国际贸易中的一个特征。虽然关税保护仍然是某些部门和（或）有限几个国家的一项重要工具，但使用其他非关税贸易限制措施已经更为普遍。截至2022年，世界贸易中约有三分之一根据最优惠国家（最惠国）制度是免税的，另有三分之一因为优惠准入而免税。然而，对国际贸易剩余部分征收的关税可能相对较高。2022年，制成品贸易需缴纳关税的平均税率为7%左右，农产品贸易约为8%。在此方面，优惠准入继续对农业市场准入发挥重要作用。

第二章
制度结构

国际制度通过降低交易成本来促进边境经济增长。在实践中，这些国际制度包括关税同盟、国际经济合作区、国际自由贸易区和经济共同体等。20世纪中后期，经济全球化潮流兴起和地区经济一体化蓬勃发展，出现了大量毗邻国家间边境地区的经济合作现象——跨境经济合作。问题的关键是，由于边境经济具有国际性和民族性，需要相关主权国家之间的协调、妥协与安排，因此，国际制度的结构，涉及边境经济的效率，一个结构合理的制度结构，是边境经济增长的根本保障。目前情况下，边境经济国际制度结构主要包括3个层次：

一、边境国家经济协调机制

在边境经济合作的初期，边境相连国家为了解决涉及彼此间经济利益矛盾与问题，保障边境经济以较正常的秩序运行，相关国家针对汇率政策、贸易政策、货币政策和财政政策等进行协商和调整，或对边境经济活动采取联合干预、管理和调节的行为。实践中，边境相连国家在商品流通、劳务交换、资金流动等方面较易出现支付、兑换、储备资产供应及国际收支调节等问题，需要相关国家出面协调。

21世纪的区域贸易协定，尤其是新兴的"超大型"区域贸易协定更为突出，这是近期国际贸易体系配置中的主要特征。诸如《跨太平洋伙伴关系协定》和《跨大西洋贸易和投资伙伴关系协定》等超大型区域贸易协定在其规模、深度和系统影响方面与以前的区域贸易协定有质的不同。它们倾向于更深入地全面一体化,在监管方面大力注重通过深入统一监管确保免关税和无关税壁垒的贸易环境,为区域价值链提供一个可行的平台,使监管制度更具兼容性和透明度。现在,这类协定除了全面开放市场,还包括一系列国内监管措施,包括投资、竞争政策、资本流动、知识产权和政府采购。这类协定推行更深入的自由化和最新的高标准统一监管,它们在世界贸易中的份额越来越大,可能存在进一步影响各国在全球一级谈判开放最惠国待遇的积极性的风险;即便一些有系统性影响的问题,最显著的是国内农业支持问题,还是在多边层面谈判最为有效。

正在出现的超大型区域贸易协定的重点会日益转向监管协调,减少影响贸易的国家标准的歧义。监管协调和相互承认可消除由于各类商品和服务技术标准迥异而产生的壁垒。按照超大型区域贸易协定提出的一些新约束包括监管一致性。对于采取较低标准的第三国,这就意味着向区域更高标准看齐,有可能对发展中国家在区域市场上的出口带来不利影响。虽然贸易日益便利,但一些监管规定被认为会限制发展中国家追求经济发展战略的能力。近期的超大型区域贸易协定谈判(如《跨太平洋伙伴关系协定》)也力求通过确保"竞争中立",解决国有企业潜在的反竞争影响的问题;然而,这些企业继续在发展中国家的能源和金融服务等战略部门中发挥关键作用。有人认为,日益被纳入区域贸易协定的投资者与国家争端解决机制赋予外国投资者更大的权利,会导致"监管冷却",因为监管机构可能会因为担心在争端解决下的法律挑战,结果避免采取某些监管行动。

从发展的角度看,超大型区域贸易协定以及更广泛的21世纪区域贸易协定可能给较弱势和脆弱的发展中国家造成风险,它们可能干脆会被排除在外。较大和更具有竞争力的发展中国家则在确保有效改善市场准入条件方面面临挑战,因为区域贸易协定往往对进口敏感产品保留高关税,这些产品在最惠国待遇基础上得到高度保护。与此形成对照的是,发展中国家的一个主要关切是确保本国自由化有适当的内容、节奏和顺序,尤其考虑到区域贸易协定日益纳入

"比世贸组织更多"或"除世贸组织之外"更有力的境内约束。因此重要的是要严格平衡市场开放目标与设计和执行培养基本生产能力和提升价值阶梯措施的灵活性。

与此同时，正在引入和（或）强化许多南南区域经济和货币合作安排，从而深化发展中成员国之间的贸易和经济合作，支持增长和发展。例如在非洲，2015年成立三方自由贸易区，以及随后由非洲联盟主持在2017年前发起非洲大陆自由贸易区，都有望产生巨大的贸易和经济好处。巴西、俄罗斯联邦、印度、中国和韩国（金砖国家）开发银行的成立，以及近期亚洲基础设施投资银行的成立预示着主要在新兴经济体中间形成了一种新形式的金融合作，为基础设施开发等提供资金，这一直是发展中国家经济增长和发展的一个主要制约因素。

"一带一路"（The Belt and Road，缩写B&R）是"丝绸之路经济带"和"21世纪海上丝绸之路"的简称，2013年9月和10月由中国国家主席习近平分别提出建设"新丝绸之路经济带"和"21世纪海上丝绸之路"的合作倡议。依靠中国与有关国家既有的双多边机制，借助既有的、行之有效的区域合作平台，"一带一路"旨在借用古代丝绸之路的历史符号，高举和平发展的旗帜，积极发展与合作伙伴的经济合作关系，共同打造政治互信、经济融合、文化包容的利益共同体、命运共同体和责任共同体。截至2023年6月底，中国与150多个国家、30多个国际组织签署了230多份共建"一带一路"合作文件。"一带一路"共商项目投资、共建基础设施、共享合作成果，实现各国道路联通、贸易畅通、货币流通、政策沟通、人心相通等"五通"，肩负着探寻经济增长之道、实现全球化再平衡、开创地区新型合作三大使命。"一带一路"合作机制与成果：为加强双边合作，开展多层次、多渠道沟通磋商，推动双边关系全面发展，推动签署合作备忘录或合作规划，建设一批双边合作示范，"一带一路"建立完善双边联合工作机制，充分发挥现有联委会、混委会、协委会、指导委员会、管理委员会等双边机制作用，协调推动合作项目实施。同时强化多边合作机制作用，发挥上海合作组织（SCO）、中国—东盟"10+1"、亚太经合组织（APEC）、亚欧会议（ASEM）、亚洲合作对话（ACD）、亚信会议（CICA）、中阿合作论坛、中国—海合会战略对话、大湄公河次区域（GMS）经济合作、中亚区域经济合作（CAREC）等现有多边合作机制作用，相关国家加强沟通，让更多国家和地区参与"一带一路"建设。2013—2022年，中国与共建国家进出口总额累计达到19.1万亿美元，年均增长6.4%；与共建国家双向投资累计超过3800亿美元，其中中国对外直接投资超过2400亿美元。

然而，贸易一体化的好处和机遇并没有完全惠及每个国家，也没有一律转化为可持续的经济、社会和环境福利。贸易增长主要发生在中国和东南亚。具体而言，最不发达国家（石油及石油制品出口国除外）融入全球经济的程度依然较低而且仍然处于边缘化境地。非洲国家的人均出口额（不足200美元）与其他发展中国家和发达国家相比非常低。贸易增长也不均衡，东亚国家的贸易增速远远超过其他发展中国家。

二、边境国家经济合作机制

随着边境经济合作进一步发展，边境相连国家需要机制化地解决共同面临的问题，需要建立国际经济合作机制。这些机制有综合性的，也有专门性的。如自由贸易区、关税同盟、共同市场、经济联盟，以及产品专业委员会、产品专业组织等。这些组织普遍具备联系、调控、减少交易成本与调节利益分配、监督等功能。

目前我国与周边国家建立的经济合作机制主要有经济走廊、跨境经济合作区、边境经济合作区与自由贸易区等。边境经济合作区、跨境经济合作区既是中国深化与周边国家和地区合作、推进高质量共建"一带一路"的重要平台，也是重要的边境国家经济协调机制。2023年3月，中国商务部等17部门印发通知，为推动边（跨）境经济合作区高质量发展，优化顶层设计，促进改革系统集成、协同高效，明确了5类15方面政策举措：一是完善功能布局，包括研究推动新设和扩区调区、加强与口岸及相关开放平台联动等；二是拓展国际合作,包括畅通跨境物流和资金流、高质量实施《区域全面经济伙伴关系协定》(RCEP)、支持地方参与国际经贸合作等;三是支持产业创新发展,包括做强做优边境贸易、延伸完善沿边特色产业链供应链、加大对承接产业转移的支持力度、前瞻布局中高端产业和新兴业态等;四是优化要素供给,包括统筹各类财政资源支持、加大金融支持力度、优化用地和用能管理、加强人才队伍建设等;五是完善体制机制,包括建立健全工作协调机制、优化管理体制等。[①]

2020年7月1日正式生效的《美墨加协定》(USMCA),它不仅是一个贸易协定,而且是一个贸易、经济、政治的战略组合体。《北美自由贸易协定》(NAFTA)、TPP和《美墨加协定》是美国高水平国际贸易规则形成、发展和重塑的三个重要节点。某种意义上可以分别视为美国贸易规则的第一代、第二代、第三代模版。《美墨加协定》历史要追溯到1994年,当年1月1日,由美国、加拿大、墨西哥共同签署的北美自贸协定生效,北美自贸区正式成立,成为当时世界上最大的区域经济一体化组织。与北美自贸协定相比,美墨加协定对产业布局、争端解决等板块条款进行了大幅度修订,在数字贸易、知识产权、金融服务、投资、劳工和环境保护等方面进行了更新和升级。美国将美墨加协定标榜为"21世纪最高标准的贸易协定",美国试图将美墨加协定的相关条款加以推广,以引领国际贸易体制改革。从NAFTA到USMCA,美国通过打造高标准国际贸易规则,将其影响从北美扩展到全世界,进而成功地坐上了国际贸易规则制定领域的霸主宝座。目前世界上具有影响力的FTA均会参照美版国际贸易规则,连WTO改革也将美国规则作为重要的参考之一。另外值得注意的是,《美墨加协定》并没有在TPP的基础上进一步推动全球价值链分工,反而通过畸高的原产地标准割裂了全球价值链,使得这一分工体系逐渐向区域价值链收缩。

《区域全面经济伙伴关系协定》(RCEP)是2012年由东盟发起,历时八

[①] 新华社:《我国出台15方面政策举措推动边(跨)境经济合作区高质量发展》,https://www.gov.cn/xinwen/2023-03/17/content_5747109.htm。访问时间:2023年11月13日。

年，由包括中国、日本、韩国、澳大利亚、新西兰和东盟十国共15方成员制定的协定。2020年11月15日，15个亚太国家正式签署了《区域全面经济伙伴关系协定》，标志着当前世界上人口最多、经贸规模最大、最具发展潜力的自由贸易区正式启航建设。2011年东盟提出《区域全面经济伙伴关系协定》设想，这是由于推动全球自由贸易的WTO谈判受阻，面对经济全球化中的负面影响，要想在世界经济中立于不败之地并有新发展，就必须加强区域经济一体化，为此，部分国家之间实施"零"关税，相互开放市场，密切合作关系，来寻求合作发展。《区域全面经济伙伴关系协定》目标是消除内部贸易壁垒、创造和完善自由的投资环境、扩大服务贸易，还将涉及知识产权保护、竞争政策等多领域，为此相关国家达成自贸协议。2023年2月28日，中国国家统计局发布《中华人民共和国2022年国民经济和社会发展统计公报》。初步核算，2022年，全年货物进出口总额420678亿元，比上年增长7.7%。其中，对《区域全面经济伙伴关系协定》（RCEP）其他成员国进出口额129499亿元，比上年增长7.5%。[①]

三、边境区域经济治理机制

目前，全球经济相互依存度在不断加深，地区经济一体化程度在进一步发展，边境经济界限日益模糊，人类社会发展面临越来越多的挑战，此时必须高举"合作共赢"大旗，建立边境区域经济治理机制，共同应对全球性和地区性挑战。但是，由于边境地区各国综合实力差异较大、利益诉求不仅相同，存在多样性和复杂性，因此出现"集体行动的困境"，所以，在推行区域经济治理时，必须寻求边境区域经济治理机制创新。

这个机制创新的核心就是创新国际公共产品供给。对国际政治经济学中的"国际公共产品"理论进行改造和重构，提出"区域性国际公共产品"概念与理论，是解决这个问题的要点。中国学者樊勇明认为，只有服务和适用于本地

---

① 中国政府网：《中华人民共和国2022年国民经济和社会发展统计公报》，2023-02-28。

区、其成本又是域内国家共同分担的国际性安排、机制或制度,才被称为"区域性国际公共产品"[①]。在边境地区,不存在具有压倒性优势的国家,就能最大限度地减少和避免国际公共产品被某一个大国"私物化"的危险。同时,由于区域性国际公共产品的涵盖范围较小,各国从中得到的收益和必须付出的成本比较清晰,因而能在一定程度上减少"免费搭车"的现象,避免国际公共产品中普遍存在的供应不足问题。总体上,区域性国际公共产品提供,可以根据双边和多边协议,分为单边提供、双边提供、多边提供3种。

欧洲联盟是,是历史上一体化程度最高的国际机构,也是"区域性国际公共产品"提供最充裕的国际组织。1991年12月11日,欧共体马斯特里赫特首脑会议通过了建立"欧洲经济货币联盟"和"欧洲政治联盟"的《欧洲联盟条约》(通称《马斯特里赫特条约》)。1992年2月7日,《马斯特里赫特条约》签订,设立理事会、委员会、议会,逐步由区域性经济共同开发转型为区域政经整合的发展。1993年11月1日,《马斯特里赫特条约》正式生效,欧洲联盟正式成立,欧洲三大共同体纳入欧洲联盟,这标志着欧共体从经济实体向经济政治实体过渡,同时发展共同外交及安全政策,并加强司法及内政事务上的合作。1999年1月1日,欧盟正式启动欧元。5月1日,《阿姆斯特丹条约》正式生效。12月11日,欧姆赫尔辛基首脑会议通过了《千年宣言》,决定在2003年前成立欧盟快速反应部队。2018年6月25日,欧盟9国防长在卢森堡签署"欧洲干预倡议"意向书,承诺组建一支欧洲联合军事干预部队。欧洲联盟组织机构包括欧洲理事会、欧盟理事会、欧盟委员会、欧洲议会、欧盟对外行动署、欧洲法院、欧洲统计局、欧盟审计院等超国家组织。此外,欧洲联盟还设有经济和社会委员会、欧洲煤钢共同体咨询委员会、欧洲中央银行、欧洲投资银行等机构。

按照欧洲联盟条约的有关规定,联盟应采取措施以建立或确保内部市场的

---

① 樊勇明:《从国际公共产品到区域性公共产品——区域合作理论的新增长点》,《世界经济与政治》2010年1月,第1期。

运作，内部市场应由一个没有内部边界，货物、人员、服务和资本能够自由流动的区域组成。欧盟与成员国之间的共同管辖权适用于以下主要领域：内部市场；社会政策，根据条约界定；经济，社会和地域团结；农业和渔业，不包括养护海洋生物资源；环境；消费者保护；运输；跨欧洲网络；能源；自由，安全和正义的领域；公共卫生事务中的共同安全问题。欧盟作为多国联盟组成的政治经济共同体，为成员国之间发生的跨境贸易，免去了进出口报关的复杂程序，并且适用一套普遍的增值税指令规则来协调各国的增值税法。欧盟成员国间的商品交易和流通被视为欧盟内部贸易流通，免征关税。研究发现，欧盟内部贸易比对外贸易韧性足。在新冠肺炎疫情对欧盟贸易产生冲击的同期，欧盟还叠加了英国脱欧的因素，但是明显地，欧盟内部贸易的抗压表现好于欧盟对外贸易。2020年，欧盟共实现对外贸易36458.60亿欧元，同比下降10.43%；欧盟内部贸易总额为56203.62亿欧元，同比下降7.37%[①]，无论是从贸易绝对值还是从受冲击影响的缩水幅度来看，欧盟内部贸易都展现出比对外贸易更强大的韧性。

近年来，为保护欧盟内部市场的秩序及欧盟企业的自身利益，欧盟委员会于2021年5月5日提出《关于扭曲内部市场的外国补贴的实施条例》，旨在通过一系列措施规范获得非欧盟国家补贴的外国企业在欧盟市场的不正当竞争行为。2023年1月12日，《关于扭曲内部市场的外国补贴的实施条例》正式生效。其主要通过对接受非欧盟国家补贴的外国企业在欧盟从事并购交易、参与招投标公共采购等过程中设置审查与监管机制，以进一步防止或减少外国补贴扭曲欧盟内部市场的现象。

---

① 商务部：《中欧2020年贸易结构新变化与合作新趋势》，http://chinawto.mofcom.gov.cn/article/br/bs/202103/20210303042082.shtml。访问时间：2023年11月15日。

第三章
关系网络

传统经济理论不能解释地缘政治（特别是战略对峙式的地缘政治）对边界开放起到反作用的问题。某些时候，边境的存在，并不能促进经济的发展，更不能促进资源集聚，其原因就是"关系网络"的缺失，导致"群体认同"问题，在此情况下，边境经济的民族性和情感性在发挥作用。也就是，如果存在国际关系的"结构洞"，边境经济增长就不可能顺利进行。

1992年，美国学者罗纳德·伯特在《结构洞：竞争的社会结构》一书中提出了"结构洞"理论（Structural Holes），研究人际网络的结构形态，分析怎样的网络结构能够带给网络行动主体更多的利益或回报。所以"结构洞"就是指社会网络中的空隙，即社会网络中某个或某些个体和有些个体发生直接联系，但与其他个体不发生直接联系，即无直接联系或联系间断，从网络整体看好像网络结构中出现了洞穴[1]。

如果两者之间缺少直接的联系，而必须通过第三者才能形成联系，那么行动的第三者就在关系网络中占据了一个结构洞，显然，结构洞是针对第三者而言的。伯特（Burt）认为，个人在网络的位置比关系的强弱更为重要，其在网络中的位置决定了个人的信息、资源与权力。因此，不管关系强弱，如果存在结构洞，那么将没有直接联系的两个行动者联系起来的第三者拥有信息优势和

---

[1] ［美］罗纳德·伯特著，任敏等译：《结构洞——竞争的社会结构》，格致出版社，2008年，第18页。

控制优势,这样能够为自己提供更多的服务和回报因此,个人或组织要想在竞争中保持优势,就必须建立广泛的联系,同时占据更多的结构洞,掌握更多信息。换句话说,结构洞是社会关系网络结构中的可能存在的"中介结点",如果这个"中介结点"不存在了,那么网络将是非连续的,国际经济联系就不可以进行。

关系网络是能够促进边境经济增长的。罗纳德·伯特认为,处在"结构洞"上的关系资源拥有者比处在重复而密集的子网络中的那些行为体,在竞争中更具有优势,拥有这类"结构洞"的跨国行为主体能够获取更多的信息收益和控制收益:(1)信息收益。关系网络是信息传播的重要渠道。人们的经济机会取决于他们获得的信息的状况,而谁得知机会,何时得知这些机会,谁能够参与这些机会,影响着他们的收益。这就是所谓信息收益。处在"结构洞"上的行为体拥有更丰富的信息来源,他们更有可能获得更多的经济机会,取得更高的信息收益;(2)控制收益。控制收益是指竞争参与者通过左右多个竞争性的对手(有的是潜在竞争对手)而获得的优势。处在"结构洞"上的竞争者,能够在多个关系人乃至子网之间纵横捭阖,从而能够从中得到更多的控制收益[①]。

边境经济学理论的"关系网络",可以分为"主导控制结构""联盟控制结构"与"代理人控制结构"三种。

一、"主导控制结构"关系网络

在图1描绘国际社会关系网中,出现"主导控制结构洞"的形态。这个网中有三个子网,每个子网的内部关系均很密切,在三个子网之间,则存在着"结构洞",而跨国行为主体"A"恰恰处于"结构洞"的位置。这个结构的

[①] [美]罗纳德·伯特著,任敏等译:《结构洞——竞争的社会结构》,格致出版社,2008年,第30—34页。

要点是，"A"和"B""C"均建立了关系，通过"A"在结构洞上搭起了国际社会关系的桥。如果"A"撤离了，桥就断裂，结构洞就露出来。所以，处在结构洞上的"A"的位置非常重要，处于"主导"并"控制"的位置。占据了这个"结构洞"的跨国行为主体在国际竞争中具有左右逢源的机会和纵横捭阖的能力。如图1所示。

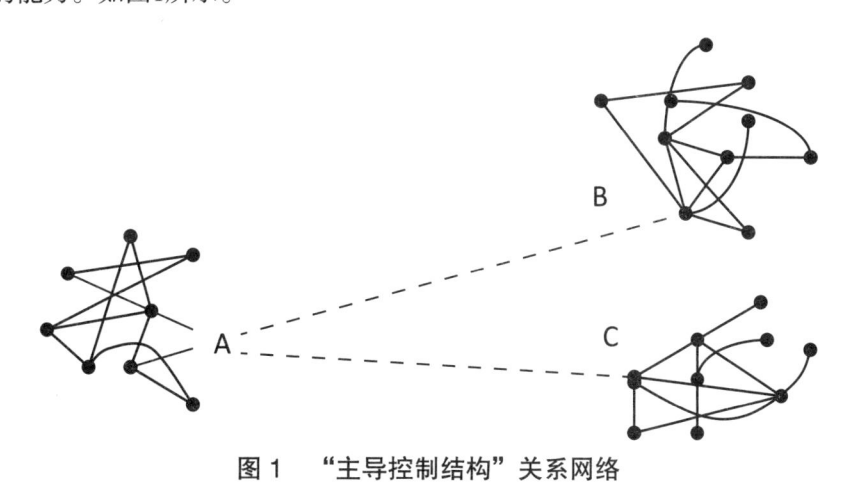

图 1　"主导控制结构"关系网络

历史上，世界强国均利用"主导控制结构"关系网络构建有利于自己的国际贸易体制，保护自己的优势工业，获得超额利润。英国、德国、美国以及日本在崛起进程中都无一例外地实行过保护政策。英国的崛起走过了300多年的以保护主义积累实力的历程，1485年羊毛工业保护、1699年提升制造业的重商主义、1815年新的《谷物法》推行都是保护主义政策的具体体现，直到1846年产业革命完成、工业技术压倒对手之后，才最后废除《谷物法》，执自由贸易之牛耳。目前全球唯一的霸主美国利用主导的关贸总协定（GATT）以及后来的世贸组织（WTO）形成了以美国为核心的多边贸易机制，实现了美国"主导控制结构"关系网络，建成了以美国价值观为主导的全球贸易秩序。

当前，全球经贸格局的不确定性、长期性和复杂性，加速了新一轮经贸规则的调整与大国之间的利益博弈。多边、诸边与双边并行发展，但多边贸易体制对国际经贸规则重构的领导力在削弱，高标准自由贸易协定逐渐引领国际经贸规则的重构，并呈现出以下主要特征：超大型自由贸易协定引领全球新一轮经贸规则重构、发达经济体与新兴经济体之间利益诉求与博弈增强、经贸谈判重心从"边境规则"向"边境内规则"扩展延伸、服务贸易/数字贸易成为新一轮国际贸易规则的竞争焦点。

为了继续占据"结构洞"的有利地位，维持美国"主导控制结构"关系网络，加上对世贸组织（WTO）控制的力不从心，美国走向"退旧群""建新群"的道路。

首先，美国从全球贸易博弈工具箱里拿出的是跨太平洋伙伴关系协定（TPP）。

2010年3月15日，跨太平洋伙伴关系协定（TPP）首轮谈判在澳大利亚墨尔本举行。参与谈判的共8个成员：美国、智利、秘鲁、越南、新加坡、新西兰、文莱和澳大利亚。此次谈判将涉及关税、非关税贸易壁垒、电子商务、服务和知识产权等议题。美国较为强调的内容包括推动清洁能源等新兴行业的发展，促进其制造业、农业以及服务业的商品与服务出口，并强化对美国知识产权的保护。2015年10月5日，美国、日本、澳大利亚等12个国家已成功结束"跨太平洋战略经济伙伴协定"（TPP）谈判，达成TPP贸易协定。

TPP谈判采取闭门磋商的方式进行，谈判结束前不对外公布技术文本。据媒体报道，谈判共涉及以下议题：农业、劳工、环境、政府采购、投资、知识产权保护、服务贸易、原产地标准、保障措施、技术性贸易壁垒（TBT）、卫生和植物卫生措施（SPS）、透明度、文本整合等。TPP协定特点：一是威胁主权。造成严重损害和国家主权丧失的后果最危险的内容是加剧将权力转让给公司，大多数是美国的公司。在解决TPP提出的解决争端的准则下，大型公司可以在国际商业法庭因为本国引入新的法律，如保护消费者的法律，而损害大公司的投资和生意对有关国家提出起诉。二是全覆盖。涵盖关税（相互取消关税，涉万种商品）、投资、竞争政策、技术贸易壁垒、食品安全、知识产权、政府采购以及绿色增长和劳工保护等多领域。三是宽领域。TPP协议条款超过以往任何自由贸易协定。既包括货物贸易、服务贸易、投资、原产地规则等传统的FTA条款，也包含知识产权、劳工、环境、临时入境、国有企业、政府采购、金融、发展、能力建设、监管一致性、透明度和反腐败等亚太地区绝大多数FTA尚未涉及或较少涉及的条款。四是高标准。如在环保、劳工、原产地和政府采购等方面包含了诸多高标准的条款。作为亚太经济一体化的重要平台，跨太平洋伙伴关系协定（TPP）虽然本质上仍属于自由贸易协定（FTA）范畴，但其协议内容和标准均显著超过现有自由贸易协定（FTA）的水平。跨太平洋伙伴关系协定（TPP）的"高标准"，在很大程度上体现了奥巴马政府的自由贸易理念及其战略利益诉求。

跨太平洋伙伴关系协定（TPP）突破传统的自由贸易协定（FTA）模式，达成包括所有商品和服务在内的综合性自由贸易协议。跨太平洋伙伴关系协定（TPP）将对亚太经济一体化进程产生重要影响，可能将整合亚太的两大经济区域合作组织，亦即亚洲太平洋经济合作组织和东南亚国家联盟重叠的主要成员国，将发展成为涵盖亚洲太平洋经济合作组织（APEC）大多数成员在内的亚太自由贸易区，成为亚太区域内的小型世界贸易组织。

美国之所以前加入跨太平洋伙伴关系协定（TPP），并很快成为主导性角色，因为美国认为世界贸易组织的"非歧视性原则""公平贸易原则"等能够给自己能够带来的红利越来越少，而且这种多边贸易体系无法提供以往的优势。于是美国干脆跳开世界贸易组织，转而寻求通过增强的双边主义获得进入市场的渠道。而在跨太平洋伙伴关系协定（TPP）范围内，美国只需面对11个谈判对手，而且一旦谈判达成，将形成产全球40%产出的贸易集团，美国完全有可能将跨太平洋伙伴关系协定（TPP）塑造成为新贸易规则的参照系，进而复制到对其他贸易伙伴的谈判中去。

其次，美国退出跨太平洋伙伴关系协定（TPP），新建"印太经济框架"（IPEF）。

被视为奥巴马任期内最重要经济使命的跨太平洋伙伴关系协定（TTP）在经过数年的艰苦谈判之后似乎正接近达成，如果未来几个月里一切按计划进行，则美国将迎来最近20年来在全球贸易领域的里程碑式成就。在雄心勃勃的美国贸易代表迈克·弗里曼看来，一旦12个环太平洋国家达成最终协议，美国的商品和服务将加快进入购买力日渐增强的亚洲市场，而且还可以纳入能够通过贸易制裁强制执行的更严格的劳动力和环境标准，为美国劳动者创造公平竞争环境。

然而，美国新的总统选举后，新总统否定了跨太平洋伙伴关系协定（TPP）。2016年10月10日，特朗普过渡团队成员向媒体透露，美国总统参选人特朗普计划快速推动实现他的一些竞选纲领，比如废除跨太平洋伙伴关系协定（TPP）。而参议院民主党要员也在同日指出，共和党的国会高层们已向其明确告知，不会批准跨太平洋伙伴关系协定（TPP）。美国当选总统特朗普竞选时表示"经济投降的时代终将结束，美国将再次经济独立。""TPP对美国制造业将是致命打击，会把美国的市场向货币操纵国开放，如果签署TPP，中国有一天也会'走后门'加入。""该协议可能会成为我们国家的一大灾难。我会就我们打算退出TPP的意愿发出通知。相反，我们将开展磋商的，是能够让工作岗位和产业重新登陆美国的、公平的双边贸易协议。"[①]特朗普最后宣布了针对世界第二大经济体中国的3项措施：命令自己的财政部部长把中国列为汇率操纵国，命令自己的美国贸易代表针对中国在美国及世界贸易组织提起贸易诉讼，对中国产品征收惩罚性关税。2017年1月23日，美国总统唐纳德·特朗普在白宫签署行政命令，标志美国正式退出跨太平洋伙伴关系协定（TPP）。

与此同时，为配合美国的"印太战略"，牢牢把握全球贸易主导权，服务于美国的根本利益。2022年5月23日，美国总统拜登在东京宣布启动一项新的"印度太平洋经济框架"（IPEF），首批13个参与方包括美国和日本，但不包括中国。2022年9月8日至9日，由美国主导、共14国加入的新经济圈构想"印度太平洋经济框架"（IPEF）在美国西部城市洛杉矶召开部长级会议。这是该

---

① 萧达、向阳：《特朗普誓言撕碎TPP 承诺对华发起"无情攻势"》，https://world.huanqiu.com/article/9CaKrnJWcdh。访问时间：2023年11月15日。

框架5月宣布启动以来首次面对面的正式部长级会议。2023年6月1日，美国主导的"印太经济框架"基本完成"提高供应链韧性与安全"的协议谈判。

"印度太平洋经济框架"（IPEF）共有13个初始成员国，分别是美国、澳大利亚、文莱、印度、印尼、日本、韩国、马来西亚、新西兰、菲律宾、新加坡、泰国和越南，13个成员国GDP占全球40%。"印度太平洋经济框架"（IPEF）的四个关键支柱：互联互通的经济（贸易）、有韧性的经济（供应链）、清洁的经济（清洁能源）和公平的经济（反腐败）。2022年5月26日，斐济成为"印度太平洋经济框架"（IPEF）第14个初始成员国，同时也是第一个加入"印度太平洋经济框架"（IPEF）的太平洋岛国。美国利用其盟主地位，构建对华"战略包围网络"。

二、"联盟控制结构"关系网络

承上所述，假如在边境国际经济合作中，"A"并没有占据"结构洞"的位置，也就是说该"中介结点"不存在，性质各异的跨国各子网间将出现断裂。换而言之，"A"唯有通过选择"盟友"，通过"共商、共建、共享"来获得信息收益和控制收益，这就是"联盟控制结构"。如图2所示。

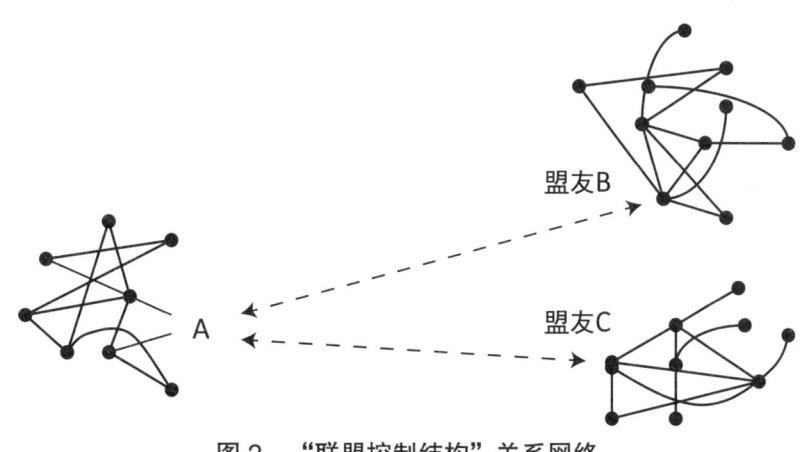

图2 "联盟控制结构"关系网络

国际贸易体制作为主宰全球价值链分工的公共产品，成为今后一段时期世界大国对新贸易规则主导权争夺的角力点。目前较为激烈的是美中之间对全球治理主导权的竞争。

一是美国加入跨大西洋贸易与投资伙伴协定（TTIP）竞争策略。目前，美国全球战略的重点是"印太战略"，中心在亚太，对手是中国。通过对自身综合国力衡量之后，美国认为自己只能面对一个对手，只能打赢一场战争，对全球其他地区的争夺已经力不从心。在确保牢牢把握亚太地区基础上，对欧洲和非洲其他地区，美国自认为无法占据"结构洞"的有利地位，因此，只能利用其"联盟控制结构"关系网络，采用联盟控制策略。

跨大西洋贸易与投资伙伴协定（TTIP）即美欧双边自由贸易协定，于2013年6月启动。议题涉及服务贸易、政府采购、原产地规则、技术性贸易壁垒、农业、海关和贸易便利化等。按双方设计的目标，跨大西洋贸易与投资伙伴协定（TTIP）将是一个全面、高水平的自贸协定，谈判内容包括取消所有产品的关税，实现最高水平的服务和投资自由化，减少和取消规制性障碍和非关税壁垒，制定面向21世纪的贸易新标准和新规则。美欧经济总量、外贸总额和人口规模分别约占世界的45%、28%和12%。从经济规模看，跨大西洋贸易与投资伙伴协定（TTIP）一旦建成，将成为全球最大的自贸区，对全球政治经济格局演变、经贸规则制定带来重要影响。

短期来看，美欧要达成最终协议绝非易事，在欧洲国家中，德国、法国和奥地利对跨大西洋贸易与投资伙伴协定（TTIP）并不热心，反对声最为坚决。谈判僵持不下的主要原因在于"投资者—东道国争端解决机制"（ISDS）。该条款赋予了公司直接向投资国政府索赔的权力。反对者担心，这将导致国家主权让渡于本就难以监管的跨国公司，从而出现超级市场主体主导国际贸易准则的现象。因此，ISDS机制有可能成为美欧达成最终贸易协定的"拦路虎"。不过，作为全球欧洲首屈一指的贸易大国，德国从长远国家利益考虑，还是希望跨大西洋贸易与投资伙伴协定（TTIP）能够取得成功。而在经济一体化方面最近几年一直未有突破性进展的欧盟，也希望借跨大西洋贸易与投资伙伴协定

（TTIP）谈判，在打破世界贸易谈判僵局的同时，顺势将欧洲推向制定国际贸易新准则的前台，重新切割全球贸易版图。

美欧一旦达成自由贸易协定，加上美国在金融领域难以撼动的主导地位，不仅将巩固以美欧范式为基础的全球贸易体系，更将打压新兴经济体积极主导全球贸易体系的行为空间；如若美欧成功构筑了针对中国的"金融与贸易高边疆"，加上高技术领域的技术锁定，则中国在全球顶层价值链中的地位将很难获得实质性提升。

二是中国力推区域全面经济伙伴关系协定（RCEP）的竞争策略。中国作为全球第二大经济体和第一大贸易体，在此轮全球贸易规则变迁中显然不能置之度外，中国对美欧日本等国旨在为"全球其他国家在标准制定、监管和经济关系树立典范"的战略意图，当然不能掉以轻心。在全球贸易格局面临大洗牌的新的历史时期，中国迫切需要总结以往对外贸易发展的经验，必须基于已有的经济与贸易力量，积极寻求参与国际贸易规则制定。从这个意义上说，中国在2014年APEC会议上提出的亚太自贸区（FTAAP）"北京路线图"，等等，正是这种逻辑安排的自然表达。中国迄今为止的诸多努力，某种意义上也是摆脱美国对中国经济战略锁定的必要步骤。

2020年11月15日，在区域全面经济伙伴关系协定（RCEP）第四次领导人会议期间，中国政府与东盟十国（文莱、柬埔寨、印尼、老挝、马来西亚、缅甸、菲律宾、新加坡、泰国、越南）及日本、韩国、澳大利亚、新西兰共15国的贸易部长共同签署《区域全面经济伙伴关系协定》。经过自2012年开始的8年漫长谈判，世界上人口数量最多、成员结构最多元、经贸规模最大、发展潜力最大的自贸区就此诞生。

《区域全面经济伙伴关系协定》涵盖20个章节，既包括货物贸易、服务贸易、投资等市场准入原则，也包括贸易便利化、知识产权、电子商务、竞争政策、政府采购等大量规则内容。区域全面经济伙伴关系协定（RCEP）货物贸易零关税产品数整体上超过90%，还给予最不发达国家差别待遇，是全面、现代、高质量、互惠的自贸协定。区域全面经济伙伴关系协定（RCEP）缔约15

方之间采用双边两两出价的方式对货物贸易自由化作出安排，协定生效后，区域内90%以上的货物贸易将最终实现零关税，且主要是立刻降税到零和10年内降税到零，使RCEP自贸区有望在较短时间兑现所有货物贸易自由化承诺。

三是其他"联盟控制结构"关系网络。包括东盟与中日韩（10+3）、全面与进步跨太平洋伙伴关系协定（CPTPP）等。

三、"代理人控制结构"关系网络

在边境国际经济合作中，跨国行为主体由于缺乏直接和异文化群体成员交往的能力（比如，语言不通或其他国家的国情非常不了解），从而缺乏国际社会关系网络，跨国行为主体不得不依靠代理人，这时，代理人很可能就演变成了结构洞的控制者。跨国行为主体只能通过代理人分享获得信息收益和控制收益，这就是"代理人控制结构"。如图3所示。

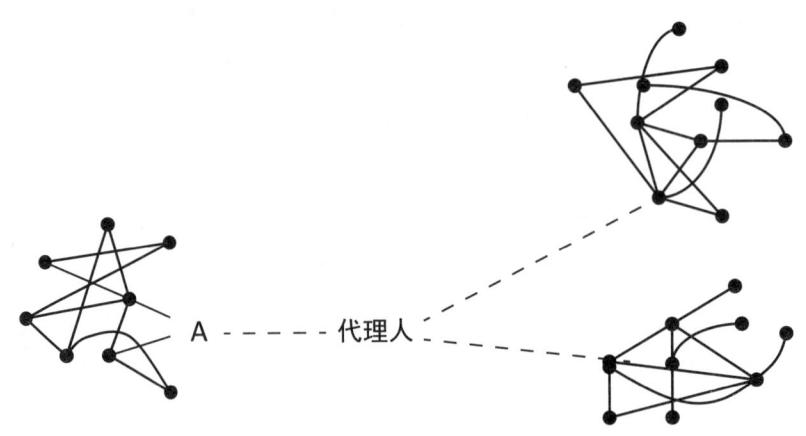

图3　"代理人控制结构"关系网络

出于成本收益的理性计算，中东地区长期成为"代理人控制结构"关系网络的典型地区。世界大国为了控制该地区获得超额利润，又不愿卷入地区冲突承担责任，纷纷选择代理人控制战略。比较典型的有美国的代理人以色列、沙特、伊拉克，苏联（俄罗斯）的代理人伊朗、叙利亚，伊朗的代理人库尔德人。国家与国家之间的委托人—代理交互中的关系通常是事务性的。在交易关系中，行动者A处于次要地位，不使用自己力量参与竞争和冲突。相反，行动者A通过与行动者B共享情报、设备和训练行动者B的部队以及为行动者B的政府提供财政支持来参与。然而，与联盟和联盟不同的是，在代理关系中，行动者A将大部分战术风险（包括战争的物质成本）转移给行动者B。实践中，"代理人控制战略"经济和军事战略难以分开。

过去，美国一直依赖萨达姆·侯赛因和伊拉克作为替代行动者，以对抗伊朗在两伊战争期间推行的地区霸权。美国还长期承诺对以色列提供安全保障，以换取犹太人来支持美国在中东的利益。2022年7月，美国和以色列签署了《耶路撒冷美以战略伙伴关系联合声明》，美国承诺保护以色列并满足其安全要求。声明指出："美国和以色列重申我们两国之间牢不可破的联系以及美国对以色列安全的持久承诺。"美国总统拜登强调，"作为总统，我很自豪地说，在我看来，我们与以色列国的关系比以往任何时候都更加深入和牢固。通过这次访问，我们进一步加强了我们的联系。我们重申了美国对以色列安全的坚定承诺，包括与以色列合作建设世界上最先进的防御系统。"作为回报，"美国需要以色列站在自己一边，以防止俄罗斯和中国的影响。"[①]

经济因素，包括冲突的直接成本以及对保护投资和贸易的担忧，通常是世界大国采用"代理人控制战略"的主要考虑。其次还包括安全和外交等地缘政治因素。一开始，世界大国出于对目标国家行动的严重脆弱性而谨慎采用"代理人控制战略"。随着它们能力的发展，它们常常会在更广泛的范围内进行"代理人控制战略"，其结果是使自己和其他国家陷入更多竞争和冲突。因此，美国智库兰德公司建议美国应该对可能受到代理人战争影响的主要美国盟友和伙伴进行战略层面的评估，这些国家可能会优先考虑对其复原力进行投资；美国还应考虑在检测和归因国家对暴力非国家行为者支持的能力方面进行

---

① Motasem A Dalloul, "Biden proved that Israel is a US proxy in the Middle East", https://www.middleeastmonitor.com/20220715-biden-proved-that-israel-is-a-us-proxy-in-the-middle-east/。访问时间：2023年11月16日。

额外投资。尤其是美国陆军应该考虑进行一些相对廉价的投资，以对冲未来可能卷入代理人战争的风险，包括对培训、领导者发展和人事政策进行一些改变，即使它分配了大部分资源来支持准备工作用于与邻近同伴发生高强度冲突。

在非洲地区，俄罗斯利用瓦格纳集团和塞瓦安全服务公司实施"代理人控制战略"近年来广受关注。这个战略在中非共和国、马里和苏丹相对成功。表面看，普京领导下的俄罗斯对非洲没有明显的宏伟计划，但俄罗斯国家与影子私人实体之间的合作，悄悄地实现三个主要目标：一是通过代理人的商业掠夺来实现利润最大化，从而帮助逃避西方对俄罗斯的制裁个人和实体；二是破坏和削弱西方在非洲的影响力；三是增强俄罗斯的地缘政治影响力和大国雄心。

俄罗斯利用非洲地区的不稳定和暴力冲突的机会，向非洲冲突各方出售武器，提供军事训练、军事咨询和雇佣军服务机会。在这里，莫斯科主要通过指导表面上是私人军事或雇佣军公司，例如瓦格纳集团或塞瓦安全服务公司，与地区领导人或派系首脑结盟，以武器出口作为交换条件，寻求商业合作机会。目前，俄罗斯在中非共和国、苏丹、马里和利比亚的动荡局势中支持文职或军队领导的政府部队。经过数十年在非洲经营，俄罗斯向非洲国家的武器销售和转让已从每年约5亿美元增加到超过20亿美元。现在俄罗斯寻求更广泛、更深入的干预，以影响非洲国家的冲突、治理、经济和安全架构，所有这些都是为了促进俄罗斯的商业活动和获取资源。

"代理人控制结构"关系网络稳定是暂时的，极易引发地区冲突。在可预见的未来，"代理人控制战略"引发的代理人战争将塑造21世纪的冲突。然而，冷战范式不再适用于未来高度网络化的多极世界。国家权力的弱化、跨国社会运动的兴起以及先进军事和通信技术的扩散正在改变战略突击的视野。

前冷战时期超级大国的附庸国秘密或公开参与冲突的能力不断增强，正在改变联盟并重塑竞争态势。尽管莫斯科和华盛顿曾经制定了游戏规则，但在当今的全球化市场中，代理势力的国家和非国家支持者的数量正在不断增加。如今，国家、企业、雇佣军和民兵之间复杂的伙伴关系正在改变竞争和冲突形态和获胜方式。

大中东及其周边地区强烈感受到"代理人控制结构"关系网络的破坏性影响。虽然乌克兰和阿富汗的冲突目前似乎陷入了不稳定的现状，但叙利亚、伊拉克、利比亚和也门在考验国际规范的多边"代理人控制战略"中解脱出来，成为"归零地"。从美国支持的叙利亚库尔德武装和俄罗斯私人军事安全承包商，到伊朗支持的胡塞叛乱分子和阿联酋支持的也门民兵，今天的代理方在多个国家的大战略中发挥着巨大的作用。他们为了自己的、往往是不同的目的——有时是世界末日的和革命的——与各种各样的赞助者建立了关系，同时创建了自己的次国家代理网络。

自"阿拉伯之春"以来不断变化的美国政策尚未反映这一新现实。在经历了阿富汗和伊拉克长期、代价高昂的战争之后，美国国家安全机构无法也不愿意承诺进行直接军事干预，因此正在加倍押注代理人战争，押注于"通过与当地伙伴一起"推进美国利益的战略。这是一个冒险的赌注，目前还不清楚是否能获胜。如今，横跨地中海、中东、黑海和波斯湾地区沿海地区的所谓"不稳定之弧"的内战仍然是国际安全面临的最大威胁之一。那里的冲突导致数千万人流离失所，数十万人死亡，并摧毁了该地区大片经济和基础设施。伊朗、沙特阿拉伯、土耳其和以色列之间争夺地区主导地位的竞争，正迫使美国重新审视其大战略。

国际社会关系网虽然提供了许多机会，但在机会面前，一些跨国行为主体更能够澄清机会，抓住机会；而另一些跨国行为主体则对机会视而不见，乃至丧失已经拥有的良好的网络结构，失去已经掌握的结构洞，从而失去经济发展的历史机遇。

第四章
经济增长

尽管受到诸多不确定因素影响，中国经济增长仍然是全球经济的亮点。2022年，中国货物进出口总额420678亿元，比上年增长7.7%。其中，出口239654亿元，增长10.5%；进口181024亿元，增长4.3%。货物进出口顺差58630亿元，比上年增加15330亿元。对"一带一路"共建国家进出口总额138339亿元，比上年增长19.4%。其中，出口78877亿元，增长20.0%；进口59461亿元，增长18.7%。对《区域全面经济伙伴关系协定》（RCEP）其他成员国[41]进出口额129499亿元，比上年增长7.5%。①

2022年，边境经济成为中国经济的一大亮点。疫情形势下，我国边境经济降幅普遍小于其他区域。2022年，在东北亚地区，中国与东北亚五国贸易额共计9232亿美元，同比增长3.8%，互为重要经贸伙伴地位进一步巩固；在东南亚地区，中国与东盟经济合作则仍然呈增长态势，进出口额达到9753.4亿美元，同比增长11.2%，其中出口5672.9亿美元，同比增长17.7%，进口4080.5亿美元，同比增长3.3%。②

在我国推进加快形成以国内大循环为主体，国内国际双循环相互促进的新发展格局的背景下，亚洲周边国家以其优越的地理位置，和与我国密切的经济

---

① 国家统计局：《中华人民共和国2022年国民经济和社会发展统计公报》，http://www.stats.gov.cn/sj/zxfb/202302/t20230228_1919011.html。访问时间：2023年11月15日。

② 商务部亚洲司：《2022年1—12月中国与亚洲国家（地区）贸易统计》，http://images.mofcom.gov.cn/yzs/202308/20230818102159647.pdf。访问时间：2023年11月15日。

联系，边境经济的发展，有望成为我国新发展格局的有利补充和延伸。未来，边境经济可以在优化的国际制度结构、有利的经济发展战略、合适的经济增长模式下得到快速的发展。

一、国际制度结构建设

在边境经济地区，根据边境经济的成熟程度以及不同的发展阶段，在相互尊重、协商一致、互利共赢的基础上，按结构层次，可以建立"协调结构""合作结构"与"共生结构"国际制度。

第一，协调结构机制。国际经济协调，是指在各个国家或国际组织之间，以发达国家或国际经济组织为主体，就贸易政策、汇率政策、货币政策和财政政策等宏观经济政策进行磋商和协调，适当调整现行的经济政策或联合采取干预的政策行动，以缓解政策溢出效应和外部经济冲击对各国经济的不利影响，实现或维持世界经济均衡，促进各国经济稳定增长。国际经济协调的基础是各国经济的相互依赖和国际经济传递机制。国际经济协调的本质是各国经济利益的协调。国际经济协调的核心和目标是要调节经济全球化过程中国际共同利益和民族国家利益的矛盾，实现世界经济和各国经济的有序运行，促进世界经济和各国经济的增长。所以，国际经济协调的作用在于，各国政府通过一定方式寻求各国经济利益的共同点，以相互依赖关系和经济传递机制为纽带，实现各国整体利益的最大化和各国内外经济平衡基础上的世界经济均衡。

从历史上看，国际经济协调有三种框架：一是在多边协议框架下的机构性协调，如以布雷顿森林体系为名的国际货币体系、以关税和贸易总协定为内容的国际贸易体系和以协调能源政策为目的的国际能源机构。二是在区域经济一体化过程中的地区协调，如从欧洲共同体起步发展到今天的欧盟。三是在领导人会晤机制下的定期协调，如每年一次的七国集团首脑会议以及每年两次的财政部部长和央行行长会议。

边境经济协调结构机制是针对边境地区发生的经济利益矛盾与问题，建立多层次、多领域的经济协调机制，及时解决商品流通、劳务交换、资金流动等方面出现的问题和纠纷。目前，在北美方向，美国、墨西哥和加拿大已达成《美墨加协定》，美国贸易代表处将其评价为，是"将已有25年历史的《北美自由贸易协定（NAFTA）》提升为21世纪的高标准协议。新的《美墨加协定》将支持互利贸易，从而实现更自由的市场、更公平的贸易和北美强劲的经济增长。"①在东南亚方向，继续通过中国—东盟领导人非正式会议、中国—东盟特别外长会议、部长级会议等国际协调机制，重点在财政税收政策协调、产业合作关系协调、投资政策协调、金融协调政策等"卡脖子"方面取得突破。

《美墨加协议》是加拿大、墨西哥和美国之间的一项自由贸易协定，亦称"北美自由贸易协议2.0"（NAFTA 2.0、New NAFTA），以便区分其前身《北美自由贸易协议》。这是北美自由贸易协定成员国在2017—2018年重新谈判的结果。2018年9月30日，美墨加三国非正式同意条款，并于10月1日正式同意条款。2018年二十国集团布宜诺斯艾利斯峰会举行期间，美国总统唐纳德·特朗普、墨西哥总统培尼亚·涅托和加拿大总理贾斯廷·特鲁多在11月30日签署了《美墨加协定》。2019年12月11日，美国、墨西哥和加拿大代表签署修订版协定。该协议于2020年7月1日生效。该协议的条款涵盖范围广泛，包括农产品、制成品、劳动条件、数字贸易等。该协议的一些较为突出的方面包括让美国奶农更容易进入加拿大市场，旨在使三国间生产汽车比例高于进口的方针，并保留类似于北美自由贸易协定的争议解决系统。

《美墨加协议》规定了诸多国际协调机制，如知识产权方面，规定：一是执法官员有权在进入、出境和过境任何缔约方领土的每个阶段制止涉嫌假冒或盗版的商品。二是明确认识到知识产权执法程序必须适用于商标和版权或相关权侵权的数字环境。三是对未经授权的电影录像进行有意义的刑事诉讼和处罚，这是在线盗版电影的重要来源。四是对卫星和有线信号盗窃的民事和刑事

---

① 美国贸易代表处：《〈美墨加协定〉将〈北美自由贸易协定（NAFTA）〉提升为21世纪的高标准协议》，https://ustr.gov/trade-agreements/free-trade-agreements/united-states-mexico-canada-agreement/fact-sheets/modernizing。

处罚。五是广泛保护商业秘密免受窃取。[①]

中国—东盟国际协调机制顺应发展，不断提升。2013年，中国国家主席习近平在印尼提出建设更为紧密的中国—东盟命运共同体。10年来，中国与东盟面对复杂多变的国际形势，坚持真诚相待、守望相助、互利互惠、协调包容，走出一条长期睦邻友好、共同发展繁荣的正确道路。10年中，中国和东盟的经贸合作往来不断深化。中国—东盟自贸区建设深入推进，双方互为最大贸易伙伴，互为重要的投资来源地和目的地。双边贸易额2022年已达9700多亿美元，比10年前增长了1倍多，已连续3年互为最大贸易伙伴。中国—东盟自贸区3.0版谈判2023年年初启动，有望进一步降低关税和非关税壁垒，提升贸易投资自由化便利化水平，助力东盟地区的发展，推动区域经济一体化。重要基础设施建设稳步推进。中老铁路、金港高速公路和雅万高铁等一系列标志性项目陆续建成，正在有效缓解地区基础设施投入不足、区域互联互通相对滞后等发展瓶颈。双方始终践行共商共建共享原则，实现互利共赢。中方表示，将积极推动"一带一路"倡议与东盟印太展望进行互利合作。

当前，中国—东盟经贸合作不断提质升级。中国与东盟领导人通过双方关于深化农业、电子商务、科技创新等领域合作的成果文件。中国和东盟国家产业链供应链深度融合，数字经济、绿色经济合作方兴未艾。中国电动车在泰国、印尼等东盟国家深受欢迎，相关领域的合作给东盟国家发展带来新的机遇。中国和东盟国家基于优势互补进行产业链合作，正在构建的产业链和供应链体系将成为全球产业链的重要组成部分。

第二，合作结构机制。随着边境经济合作进一步发展，我们需要与亚洲周边国家机制化地解决共同面临的问题，建立更高层次的国际经济合作机制。目前条件下，应大力提高上海合作组织、中国—东盟合作机制，以中日韩三国经济合作为基础，建立东北亚合作机制。全面落实中国—东盟自贸区各项协议，

[①] 美国贸易代表处：《〈美墨加协定〉将〈北美自由贸易协定（NAFTA）〉提升为21世纪的高标准协议》，https://ustr.gov/trade-agreements/free-trade-agreements/united-states-mexico-canada-agreement/fact-sheets/modernizing。

以及推进区域全面经济伙伴关系协议（RCEP）实施。

据联合国商品贸易统计数据库，2001年上合组织6个成员国贸易总额仅为6720亿美元，到了2019年已达1125158亿美元。在2019年，上合组织成员国的双边贸易额就达3063亿美元。中国与上合组织各成员国的贸易总额从最初的120亿美元发展到2019年的2588亿美元，增长了20倍[①]。目前中国是俄罗斯、乌兹别克斯坦、吉尔吉斯斯坦、印度和巴基斯坦的第一大贸易伙伴国，哈萨克斯坦的第二大贸易伙伴国以及塔吉克斯坦的第四大贸易伙伴国，连续12年保持俄罗斯第一大贸易伙伴国地位。

2019年，中国—东盟自由贸易区升级《议定书》全面生效，双方之间90%以上约7000种商品可享受零关税待遇。2022年11月，中国—东盟自贸区3.0版谈判启动。2023年10月，中国—东盟自贸区3.0版第四轮谈判在印度尼西亚万隆举行。中国与东盟十国主管部门和东盟秘书处官员出席会议。双方积极落实中国—东盟领导人会议共识，推动在本轮谈判中就经济技术合作章节达成一致，并深入推进数字经济、绿色经济、供应链互联互通、货物贸易、投资、中小微企业、卫生与植物卫生措施、海关程序与贸易便利化、标准技术法规与合格评定程序、竞争和消费者保护、法律与机制事务等领域磋商，进一步扩大经贸领域相互开放，拓展新兴领域互利务实合作。

中日韩合作是东亚合作的重要动力源，已建立以领导人会议为核心、以部长级会议、高官会和70多个工作层机制为支撑的合作体系。领导人会议是中日韩合作最高层级机制，对中日韩合作发展做出战略规划和指导，迄今已举行8次领导人会议。三国在外交、科技、信息通信、财政、人力资源、环保、运输及物流、经贸、文化等领域建立了21个部长级会议机制，负责相关政策规划和协调。高官会负责政策沟通。根据中日韩合作秘书处的统计，2021年三国GDP分列世界第二、第三和第十位，经济总量占全球的25.5%；三国贸易额占全球的21.9%，专利申请占全世界50.7%；三国集装箱港口吞吐量占全世界的36.9%。三

---

① 参见 UN Comtrade Database 网站，https://comtrade.un.org/data/。访问时间：2023年11月15日。

国贸易额从1999年的1300亿美元左右增长至2022年的接近8000亿美元。2012—2021年，中国对日本、韩国的服务贸易总额由480亿美元增长至638亿美元左右。到2022年，中国已连续19年是韩国的最大贸易伙伴，连续16年是日本的最大贸易伙伴，是日韩最大的出口对象国和进口来源国。三国合作既推动了三方的贸易增长和经济发展，又带动了东亚地区和全球贸易与经济增长。[①]

区域全面经济伙伴关系协定（RCEP）于2022年1月1日生效，意味着全球经济体量和发展潜力最大的自贸区正式成立，RCEP生效确立了全球经济亚太、北美和欧盟三足鼎立格局。RCEP共计15个成员国，包括中国、日本、韩国、澳大利亚、新西兰5国以及东盟10国。RCEP成员国经济体量、贸易总额全球占比约30%。对RCEP成员国来说，关税削减、贸易便利、要素流通等一系列实质性利好，将为区域合作搭建新平台，提供新动力。RCEP生效当日，中国与东盟、澳大利亚、新西兰之间的立即零关税比例将超过65%，与韩国相互之间立即零关税比例将分别达到39%和50%。据日本政府估算，RCEP最终有望使日本91.5%的工业品获得免税，国内生产总值（GDP）提高2.7%，带来的经济效益超过日本迄今签署的其他贸易协定。2022年东盟轮值主席国柬埔寨商业部预计，柬埔寨的农产品、工业品等将享受特惠关税待遇。RCEP可推动柬GDP增长约两个百分点，出口和投资分别增长7.3%和23.4%。据预测，到2030年，RCEP经济圈的经济体量全球占比将提高至50%。[②]

第三，共生结构机制。在中国与亚洲周边国家之间，高举"合作共赢"大旗，实施"集体行动"，共同应对全球性和地区性挑战，以构建中国与周边国家命运共同体为目标，建立共生结构的国际经济合作机制。根据国际协议，提供区域性国际公共产品，允许"免费搭车"的现象，实现多赢格局。

共建"一带一路"就是典型的共生结构机制。其核心就是能够提供国际公

[①] 商务部：《中日韩三国在服务贸易领域互补性强》，http://chinawto.mofcom.gov.cn/article/e/s/202310/20231003449695.shtml。

[②] 新华社：《共享发展机遇 RCEP带来三大红利》，https://www.gov.cn/xinwen/2021-12/31/content_5665898.htm。访问时间：2023年11月15日。

共产品。公共产品的特征之一是外部性，正外部性是指公共产品为使用者带来了更多收益。作为重要的国际公共产品，共建"一带一路"提升了相关国家经济合作的正外部性。9年来，中国同共建各方将"一带一路"打造成团结应对挑战的合作之路、维护人民健康安全的健康之路、促进经济社会恢复的复苏之路、释放发展潜力的增长之路，使共建各方得到了实实在在的收益，通过设施联通、贸易畅通等实现了互惠共赢的目标。[1]

"一带一路"建设取得的成就举世瞩目，无论是在器物层面还是在理念层面都获得了国际社会的广泛认同，一个重要原因在于它具有国际公共产品的特性。总的来看，共建"一带一路"是中国为世界提供的重要公共产品。其一，"一带一路"建设以"丝路精神"为指导，以共同发展为目标，为发展中国家参与国际经济合作提供了机遇。其二，"一带一路"共建国中多数属于发展中国家，解决其基础设施与互联互通瓶颈是实现共同发展的必要条件。互联互通为发展中国家实现经济起飞、参与国际分工奠定了基础。其三，多元化合作机制既为不同类型共建国家开展合作提供了便利，也为"一带一路"与现行全球治理体系的对接创造了条件。其四，作为推动构建人类命运共同体的重要实践平台，"一带一路"为解决全球治理赤字开辟了新路径。[2]

当前复杂多变的国际经济环境之下，供应链作为全球公共产品的属性必须得到维护。2020年4月，习近平提出，"这次疫情防控使我们认识到，必须维护产业链、供应链的全球公共产品属性，坚决反对把产业链、供应链政治化、武器化"。2022年9月，习近平总书记再次强调，中国坚定不移维护产业链供应链的公共产品属性，保障本国产业链供应链安全稳定，以实际行动深化产业链供应链国际合作，让发展成果更好惠及各国人民。[3]

---

[1] 毛新雅：《共建"一带一路"成为深受欢迎的国际公共产品和国际合作平台》，《光明日报》2022年11月8日。

[2] 李向阳：《"一带一路"：向世界提供公共产品》，《经济日报》2023年1月19日。

[3] 任晓刚：《坚定维护国际供应链的公共产品属性》，中国日报中文网，https://china.chinadaily.com.cn/a/202312/18/WS65804c91a310c2083e41376a.html。

二、国际关系网络构建

国际关系网络构建进入国际关系研究的视野比较早，1977年，罗伯特·基欧汉和约瑟夫·奈在其著作《权力与相互依赖》提出的"相互依赖"概念，关注的就是国家之间的"关系网络"是如何塑造国际关系的一些关键特征并进而影响国家行为的。[①]2011年，美国加州大学教授毛兹在《国家间网络国际网络的演变、结构和影响，1816—2001》中提出了国际政治网络理论。他通过"社会网络分析"（Social Network Analysis，简称 SNA）方法，将过去两个世纪国际关系演变的复杂过程看作是国家之间存在的一系列合作与冲突等互动网络演变发展的结果，从而构建了一种解释国际网络形成和演变的"国际政治网络理论"（Networked International Politics，简称 NIP）。这种理论将国际关系视为一系列相互联系的网络之间互动的结果，这些互动对国家行为和国际体系结果产生一种持续的影响，进而推动了国际关系的演变发展。[②]在毛兹看来，国际网络的形成可以反映出国家的对外政策选择结果。

美国的国际关系网络构建是基于西方价值观的国际联盟体系而建立起来的，美国联盟体系对美国经济增长的作用是毋庸置疑的。二战后，美国凭借战争红利建立了在西方主导性的联盟体系。冷战后，实际上美国成了全球霸主，占据了国际关系网络"结构洞"，以此为基础建立起来的全球联盟体系，不断地让美国获取高额利润。在亚太地区，美国长期以来把双边联盟组成的轴辐体系作为地区霸权的基础，这种双边联盟有助于美国强化对盟友的政治、经济和军事控制。然而，随着地区局势的发展，美国正将双边联盟扩展为诸边和小多边体系。在双边联盟的基础上，美国不断扩大联盟关系，相继形成了美日澳、

---

① ［美］罗伯特·基欧汉、约瑟夫·奈著，门洪华译：《权力与相互依赖》（第三版），北京大学出版社，2002年。

② Zeev Maoz, *Networks of Nations: The Evolution, Structure, and Impact of International Networks*, 1816-2001, New York: Cambridge University Press. 2011.

美日韩、美日印等多个三边机制。"印太战略"提出后，美国又着力推动美日印澳"四边机制"成型，该机制立足美国与日印澳建立的双边和三边战略关系。2020年以来，美日印澳在加强合作的同时还与越南、韩国和新西兰等国共同对话，被视为朝向"四边+"机制转型的重要一步。美国正在利用其在亚太地区的国际关系网络"一本万利"地发展国家经济。

然而，比较有意思的是，基于资本家的本质，美国政客、国内财团和学界还在反思联盟体系对其经济增长的好处，以便灵活地实施其联盟政策，实现国家利益最大化。我们看到特朗普任总统时，美国的不断从国际经济体系中"退群"，并且还得到绝大部分美国人的支持，比较有代表性的是兰德公司一份报告。2022年，美国兰德公司发表了一份《美国经济是否受益于美国的联盟和世界冲突前沿的军事存在？》，认为：一、美国的联盟与盟国更高水平的贸易和投资有关，但学者们此前尚未确定联盟是否会带来更多贸易，或者美国是否更有可能与主要贸易伙伴结盟。二、经济学家此前并未评估与盟国的双边贸易和投资水平的提高是否会增加美国的总体贸易和投资并最终增加经济福利，或者是否会转移其他非盟国的经济活动。三、关于联盟、制成品双边贸易和美国经济福利之间关系的新模型表明，北大西洋公约组织联盟与更高水平的贸易相关，这对美国经济产生了适度的积极影响。四、无法评估重新谈判或退出某些现有的美国联盟（这是一些大克制战略倡导者建议的政策）会在多大程度上扭转这些成果并损害美国经济。五、美国和其他强国利用军事接触在经济谈判中获得筹码的例子不胜枚举，但此类案例对美国经济的影响尚不清楚。六、外国军事冲突给美国经济带来了调整成本，但研究尚未充分评估乌克兰战争等冲突对美国经济福利的影响程度。[1]据此，报告建议：一、应继续评估军事接触是否会增加与美国盟友和伙伴的双边贸易和投资活动，如果是，又是如何增加的。目前尚不清楚军事参与是否会改变伙伴政府的行为、改变企业的激励措

---

[1] 布莱恩·鲁尼等，《美国经济是否受益于美国的联盟和世界冲突前沿的军事存在？》，https://www.rand.org/pubs/research_reports/RRA739-5.html。

施，或两者兼而有之。二、应该研究美国的联盟和前沿存在如何影响美国的经济福利，而不仅仅是双边贸易和投资等中间结果。三、应该将军事接触的经济影响与其他政策（例如自由贸易协定）进行比较。四、应该评估结束联盟会在多大程度上减少双边贸易。五、应该评估企业在寻求新的经济伙伴时面临的调整成本，并试图更好地了解外国战争对美国经济的经济影响。[①]

边境经济学认为，当前条件下，国际关系网络构建对国际经济增长的作用是巨大的，甚至决定性的。这个认知对目前国家实施的统筹发展与安全关系，促使国内国外经济"双循环"的政策是至关重要的。

综合考察中国与周边国家的国际交往和国际经济合作状况，针对周边国家不同地区、不同国际社会关系网络，以国际公共产品供给为抓手，制定了不同的边境经济发展战略，主要考虑包括"母国发展战略""飞地发展战略""联盟发展战略"和"代理人发展战略"等四大战略。这些战略可以同步推行，也可以依照实际情况，次第推进。

第一，母国发展战略。该战略旨在利用跨国合作主体在国内社会关系网络"主导控制结构"中的有利地位，发展"沿边开放经济带""边境经济合作区""跨境经济合作区"。

1. 沿边开放经济带。党的十八大以来，党中央、国务院出台了关于沿边开发开放的一系列政策举措，设立沿边重点开发开放试验区，促进边境经济合作区、跨境经济合作区、跨境旅游合作区等平台高质量发展，推动沿边地区融入共建"一带一路"大局。

中国比较典型的"沿边开放经济带"就在云南。2016年12月23日，云南省政府印发了《云南省沿边开放经济带发展规划（2016—2020年）》。云南省根据沿边地区与越南、老挝、缅甸接壤，少数民族聚集，贫困人口众多，稳边固边任务繁重，在面向南亚东南亚开放合作和全省区域协调发展中具有重要战略

[①] 布莱恩·鲁尼等，《美国经济是否受益于美国的联盟和世界冲突前沿的军事存在？》，https://www.rand.org/pubs/research_reports/RRA739-5.html。

地位的特点，为推动沿边地区联动内外、协作发展，提升开放发展能力和水平，促进形成新的经济增长带，完善对外开放和区域发展格局，制定了此规划。云南沿边开放经济带规划范围为怒江州、保山市、德宏州、临沧市、普洱市、西双版纳州、红河州、文山州等8个边境州、市的25个边境县、市（怒江州：泸水市、福贡县、贡山县；保山市：腾冲市、龙陵县；德宏州：芒市、瑞丽市、盈江县、陇川县；临沧市：镇康县、耿马县、沧源县；普洱市：江城县、孟连县、澜沧县、西盟县；西双版纳州：景洪市、勐海县、勐腊县；红河州：金平县、绿春县、河口县；文山州：麻栗坡县、马关县、富宁县），地域面积9.25万平方公里，人口690多万人。[①]该经济带的发展目标是：到2020年，经济带综合实力有较大提升，地区生产总值达2300亿元以上；沿边城镇加快发展，经济带城镇化率达到45%以上，对周边国家毗邻地区的影响带动力显著增强；边境干线公路基本贯通，沿边铁路加快推进，玉溪磨憨、大理—瑞丽铁路基本建成，临沧—清水河、大理—瑞丽铁路接轨至腾冲铁路开工建设，国际运输大通道基本形成；开放窗口作用逐步显现，重点开发开放试验区、边（跨）境经济合作区发展水平明显提升，瑞丽、河口、磨憨、孟定等重点口岸进出口额及人员、车辆迅猛增长；生态环境质量不断提高，生态屏障作用不断巩固；农村贫困人口全面脱贫，基本公共服务均等化水平明显提升，城镇和农村居民人均可支配收入增幅高于全省平均水平，各族人民生活水平和质量普遍提高，实现与全省全国同步全面建成小康社会目标；民族团结进步、边疆和谐稳定的良好局面不断巩固。展望2030年，国际运输通道全面形成，开放型经济水平进一步提升，边境城市（镇）开放发展更具活力，与周边国家毗邻地区一体化发展水平显著提高，内外联动、要素集聚、特色突出、互利共赢、和谐安宁的沿边开放经济带全面建成，成为我国面向南亚东南亚辐射中心的重要支撑带。[②]

---

① 云南省人民政府办公厅：《云南省人民政府办公厅关于印发云南省沿边开放经济带发展规划（2016—2020年）的通知》。

② 云南省人民政府办公厅：《云南省人民政府办公厅关于印发云南省沿边开放经济带发展规划（2016—2020年）的通知》。

2. 边境经济合作区是中国沿边开放城市发展边境贸易和加工出口的区域。沿边开放是中国中西部地区对外开放的重要一翼,自1992年以来,经国务院批准的边境经济合作区有17个,分布在中西部7省区。其中内蒙古2个(满洲里边境经济合作区、二连浩特边境经济合作区)、辽宁1个(丹东边境经济合作区)、吉林2个(中国图们江区域〈珲春〉国际合作示范区、和龙边境经济合作区)、黑龙江2个(黑河边境经济合作区、绥芬河边境经济合作区)、广西2个(凭祥边境经济合作区、东兴边境经济合作区)、云南4个(畹町边境经济合作区、河口边境经济合作区、瑞丽边境经济合作区、临沧边境经济合作区)、新疆4个(伊宁边境经济合作区、博乐边境经济合作区、塔城边境经济合作区、吉木乃边境经济合作区)。

经过20多年的建设,边境经济合作区建设取得了不菲成绩。2019年8月,商务部外资司发布的《边境经济合作区、跨境经济合作区发展报告(2018)》显示,2017年全国边境经济合作区的工业总产值达755.59亿元,实现税收收入47.43亿元,部分边境经济合作区经济总量占到所在城市的50%以上;对外贸易发展的势头良好,进出口总额达到了1053.59亿元,在稳定和扩大对外贸易规模的基础上,各边境经合作区也积极融入"一带一路"倡议之中,推动"五通"建设。比如广西、云南依托合作区平台,开展了个人跨境贸易人民币结算等金融创新工作,有力促进了边境的资金融通;此外各个合作区也充分发挥产业优势,有序承接沿海发达地区产业转移,逐步培育特色优质和外向型产业。如今珲春边合区成为吉林省最大的纺织服装生产基地,满洲里边合区俄罗斯木材进口深加工业务已形成了较为完整的产业链。近年来,沿边重点开发开放试验区的经济综合实力不断提升。2019年上半年瑞丽、勐腊、凭祥试验区GDP增速分别达到10%、9%、8.4%,领先全国平均水平。沿边重点开发开放试验区的基础设施建设取得了较大的成效,南宁至防城港高速公路、中越北仑河二桥、绥芬河—东宁机场等重点建设项目已成功投入使用,中老铁路、泛亚铁路西线也正式开工建设,试验区国际大通道枢纽的功能日益凸显。试验区在国际贸易、跨境金融、劳务合作等方面积累了一批可复制可推广的经验,未来将着力构建面向东南亚、南亚、中亚、东北亚的国际综合运输通道；通过先行先试，构建了沿边地区开发开放的制度体系。①

然而，受多重因素影响，边境经济合作区在城镇体系建设、经济持续发展、产业承接集聚、设施连通完善等方面存在的"短板"较为突出，尤其是一些共性问题需引起重视：包括一是口岸商贸合作层次不高，呈现出"过路经济"和"通道经济"的特点。沿边地区的贸易结构仍以初级资源产品、初级农产品为主，偏低的落地加工率难以带来较好的经济效益，向"口岸经济""产业经济"转型升级的趋势尚不显著。二是内生发展动力不足，硬环境和软环境存在诸多弱项。沿边地区水电路网、教育、医疗保障等方面的基础设施和公共服务设施建设相对滞后，建设资金不足、发展基础薄弱。特别是产业发展动力不足，工业产业链条短、集约化程度低，优势资源深度开发不够，缺乏高附加值产品。专业技术人才较为缺乏，推动发展的智力支撑较弱，在规划、技术标准等方面的对接上也存在诸多问题。三是对外开放载体平台种类多，定位模糊、同质化发展的现象明显。沿边地区对外开放平台种类众多，除了一些地方设立自由贸易试验区外，还建设有重点开发开放试验区、综合保税区、边境经济合作区、边民互市贸易区、跨境经济合作区等。这些平台大多存在一定程度的同质化竞争问题，未能很好地实现错位发展、协调发展、有机融合，其政策功能和产业集聚作用也未得到充分发挥。②

为此，2023年3月，商务部联合中央编办、外交部、国家发展改革委等16部门印发《关于服务构建新发展格局 推动边（跨）境经济合作区高质量发展若干措施的通知》，明确了5类15方面政策举措：一是完善功能布局，包括研究推动新设和扩区调区、加强与口岸及相关开放平台联动等；二是拓展国际合作，包括畅通跨境物流和资金流、高质量实施《区域全面经济伙伴关系协定》（RCEP）、支持地方参与国际经贸合作等；三是支持产业创新发展，包括做

---

① 李春顶、张杰皓：《边境经济合作区和试验区建设与贸易创新发展》，https://news.cau.edu.cn/art/2019/12/12/art_8779_654738.html。访问时间：2023年11月15日。

② 王喆：《沿边地区如何服务和融入新发展格局》，《经济日报》2021年9月30日。

强做优边境贸易、延伸完善沿边特色产业链供应链、加大对承接产业转移的支持力度、前瞻布局中高端产业和新兴业态等；四是优化要素供给，包括统筹各类财政资源支持、加大金融支持力度、优化用地和用能管理、加强人才队伍建设等；五是完善体制机制，包括建立健全工作协调机制、优化管理体制等。要求将边（跨）境经济合作区建设成为集边境贸易、加工制造、生产服务、物流采购于一体的高水平沿边开放平台，促进兴边富民、稳边固边。[①]

3. 跨境经济合作区。是指在沿边地区由两国或两国以上政府间共同推动的享有出口加工、保税区、自由贸易区等优惠政策的次区域经济合作区。

中老磨憨—磨丁经济合作区，是中国与毗邻国家共同建立的第2个跨境经济合作区，云南省首个正式批准的跨境经济合作区，其规划建设面积为34.67平方公里（含核心区4.83平方公里，拓展区29.84平方公里），东至新民口岸，西至磨龙青松，南至中老国界线，北至尚岗茶场。其战略定位为：到2025年，建设成为中老战略友好合作示范区、中国与东盟深化合作区先行区、中老边境地区发展样板区。目前，中老磨憨—磨丁经济合作区拥有公路口岸、铁路口岸两个国家级口岸，可开展一般贸易、边境小额贸易、边民互市贸易、国际快件、过境贸易等多种贸易形态，进出口贸易量逐年攀升，2022年进出口货运量500万吨。该合作区已建成粮食、水果、冰鲜水产品、种苗和罗汉松指定监管场地，正积极组织磨憨铁路口岸粮食、水果和冰鲜水产品指定监管场地申报工作，2023年内建成使用，口岸功能配套不断完善。

2022年4月28日，云南省委、省政府决定由昆明市全面托管西双版纳州磨憨镇，昆明市成为全国唯一一座拥有边境口岸的省会城市。磨憨—磨丁合作区抓紧RCEP生效实施、中老铁路开通运营的历史机遇，紧紧围绕"一年见成效、两年有突破、三年大发展"目标，全力推动磨憨国际口岸城市建设。2022年，由磨憨—磨丁合作区牵头推进的44项重点任务已完成32项。建成磨憨国际

---

① 新华社：《我国出台15方面政策举措推动边（跨）境经济合作区高质量发展》，https://www.gov.cn/xinwen/2023-03/17/content_5747109.htm。访问时间：2023年11月15日。

口岸城市规划展示中心，完成磨憨水厂原水输水管网应急改造工程建设，完成磨憨—磨丁合作区围网区联合运营中心、综合服务中心主体工程建设，完成磨憨火车站站前广场、口岸联检设施项目建设、磨憨国际口岸产业发展规划编制，启动磨憨—磨丁合作区东盟大道改扩建工程建设、磨憨盐塘水库扩建工程建设、中老铁路磨憨火车站至边民互市区连接线项目（5号路延长线道路工程）建设等。合作区建设发展重大项目库，已初步储备项目83项，计划总投资625亿元。2022年8月，《昆明市细胞产业发展规划（2021—2035）》指出将依托中国老挝磨憨—磨丁经济合作区建立细胞产业先行示范区，推进医疗机构开展国际多中心临床试验，与国外机构同步开展重大疾病新药临床试验。推进细胞治疗在临床试验、审评审批、进出口通关的方面的先行先试。开展生物医药特殊物品入境便利性试点，建立入境特殊物品安全联合监管机制。

中越河口—老街跨境经济合作区。2017年11月，中越两国正式签署《关于加快推进中越跨境经济合作区建设框架协议谈判进程的谅解备忘录》，明确将河口—老街跨境经济合作区列入中越跨合区试点建设。正在建设的中越跨境经济合作区有4个：其中广西3个，分别是东兴—芒街、龙邦—茶岭、凭祥—同登跨境经济合作区；云南1个，河口—老街跨境经济合作区。

东兴—芒街跨境经济合作区。总规划面积23.5平方公里，其中，中方约10平方公里，越方13.5平方公里。自开发建设以来：一是成立了东兴跨境经济合作区建设委员会，明确了跨境经济合作区、东兴市"区市统筹"和"区市一体化"融合发展工作思路。二是设立东兴跨境经济合作区行政服务窗口，下放行政管理权限21项，成功探索跨境经济助力兴边富民、跨境贸易结算、跨境人民币贷款业务办理、跨境劳务合作试点、跨境自驾游等26条可复制推广的经验。三是确定了起步区"前岸—中区—后城"产业规划和跨合区"1+7"产业布局，完成了跨境经济合作区控制性详细规划、二桥口岸服务区修建性详细规划等。四是建成新国门大楼、北仑河二桥、验货场、"三纵三横"骨干路网、标准厂房及进境水果、食用水生动物、冰鲜水产品、植物种苗、粮食五大特殊商品指定监管场所等重点基础设施，口岸信息化工程、围网工程等通关设施设备也相继投入使用。五是建立了"一体化"招商引资工作机制，引进华立边境深加工产业园等一批产业项目，建成农副产品、建材、海产品、红木、轻纺服装等10大类专业市场30多个，共占地200多万平方米。2021年东兴跨境经济合作区推进重点项目38项，总投资217.54亿元。六是确立了"多个龙头开闸蓄水，一个龙头用水"原则，整合政府平台公司，开启多元筹措资金模式，2020年争取到上级资金5600万元，专项债券1亿元，获得政策性银行授信资金11.5亿元，中央预算内补助资金3945万元。

龙邦—茶岭跨境经济合作区。总规划面积16平方公里，中越双方各8平方公里，按照"功能呼应、有机衔接"的原则，共同形成五大功能，包括口岸综合服务、跨境商贸、跨境物流、进出口加工与跨境旅游。一是完成了《中国龙邦—越南茶岭跨境经济合作区（中方区域）总体发展规划（2016—2030）》，合作区（中方区域）在功能上将形成"前岸—中区—后城"的分工合作模式。二是建成万生隆国际商贸物流中心，包括边民互市贸易区、一般国际贸易服务区、国际多式联运转口贸易区、国际保税加工分拣区、东盟自由贸易区、东盟跨境电子商务区六大功能区。三是投入运营龙邦边民互市贸易区，共设有10个专用货运进出通道、31个"前店后仓"型交易商铺，并配备对驳车位区、冻库、国检查验区和海关查验场，配套建设跨境和国内交易结算中心、海关与国检申报中心、国税申报点和边民自主申报终端，可满足边民一站式采购、申报、结算等需求。四是正式启用龙邦口岸进口水果指定监管场地，总建筑面积7991.6平方米，设置有5个查验平台泊位，10个待检区泊位，具备5万吨级水果库、20万吨级冷藏处理能力。五是开通龙邦国际性口岸那西通道。

凭祥—同登跨境经济合作区。总规划面积17平方公里，中越双方各8.5平方公里，2008年12月，作为中越跨境经济合作区中方先行区的凭祥综合保税区获国务院批准设立，并于2011年9月正式封关运营。一是成立了中越凭祥—同登跨境经济合作区管理委员会。在凭祥综合保税区管理委员会机构内增挂中越凭祥—同登跨境经济合作区管理委员会牌子，实行"两块牌子一套人马"。2020年6月，中国（广西）自由贸易试验区崇左片区管理委员会挂牌，与广西凭祥综合保税区管理委员会合署办公。二是编制完成跨合区凭祥园区建设方案、现状综合报告、空间布局模式、产业发展、综合交通发展等专题规划。三是引进一批项目如凭祥边境贸易货物物流中心、综保区二期产业配套、中越浦寨—新清跨境货物专用通道、跨合区供水一期工程、排水排污一期工程、路网工程、凭祥（铁路）口岸优化升级、中国边贸第一城、中国—东盟（凭祥）水果城、国门新城。

河口—老街跨境经济合作区。总规划面积21平方公里，其中，中方园区规划面积11平方公里，越方10平方公里，打造成以跨国商贸物流、进出口加工、国际金融及其他服务贸易为主的边境自由经济产业区。一是2016年12月获得红河州委批复成立，设立中共红河州河口跨境经济合作区工委、河口跨境经济合作区管理委员会，为中共红河州委、红河州人民政府派出机构。2019年10月，印发《中国（云南）自由贸易试验区红河片区河口跨合区河口边合区"三区"融合方案》，中国（云南）自由贸易试验区红河片区管理委员会、河口跨境经济合作区管理委员会、河口边境经济合作区管理委员会三区合署办公，并推行红河片区管委会和河口县区融合的工作方式。二是完成红河片区总体规划、控制性详规、产业发展规划等专项规划，147项改革试点任务自评已完成95项，初步形成14个经验案例。三是与越方探索建立"界桥会谈"工作机制和"人货分离、分段运输、封闭管理"运输模式。四是成功举办第二十届中越（河口）边境经济贸易（线上）交易会，沿边开发开放水平不断提升。①

第二，飞地发展战略。该战略旨在利用跨国合作主体在国际社会关系网络中处于"主导控制结构"的有利地位，在有关国家（主要在东南亚和南亚国家），选择基础设施互联互通条件较好的港口、边境口岸、交通枢纽等合适地点，采取购买、租赁等办法，购置飞地，建立直属中国政府的"离岸经济特区"。在不触碰所在国法律底线的前提下，特区内实施高度自由的经济政策，包括贸易、加工、金融、物流、服务等一系列自由政策，实质推进对外贸易由单纯口岸贸易向口岸贸易、服务贸易、离岸贸易转变，经济增长由国内市场依

---

① 李青文：《中越跨境经济合作区的成效、困境与对策》，《法制与经济》2021年第12期。

赖型向国际市场利用型转变。

境外经济贸易合作区是指在中华人民共和国境内（不含香港、澳门和台湾地区）注册、具有独立法人资格的中资控股企业，通过在境外设立的中资控股的独立法人机构，投资建设的基础设施完备、主导产业明确、公共服务功能健全、具有集聚和辐射效应的产业园区。

共建"一带一路"10年来，中国企业与共建国家政府、企业合作共建的海外产业园超过80个（见表1）。这些崭新的空间为当地引入技术、知识带来新模式、新标准，也激发了新的发展动力。商务部数据显示，截至2022年底，中国企业在共建"一带一路"国家建设的境外经贸合作区累计投资达571.3亿美元[①]，对保障全球产业链、供应链的稳定，促进园区所在国发展发挥着越来越重要的作用。

表1 "一带一路"沿线海外园区名录

序号	地区	国家	园区名称	实施企业
1	东南亚	柬埔寨	西哈努克港经济特区	西哈努克港经济特区有限公司
2	东南亚	柬埔寨	柬埔寨山东桑莎（柴桢）经济特区	诸城服装针织进出口有限责任公司
3	东南亚	柬埔寨	柬埔寨桔井省斯努经济特区	中启海外（柬埔寨）实业有限公司
4	东南亚	柬埔寨	华岳柬埔寨绿色农业产业园	华岳集团有限公司
5	东南亚	柬埔寨	柬埔寨齐鲁经济特区	齐鲁（柬埔寨）经济开发有限公司
6	东南亚	老挝	老挝万象赛色塔综合开发区	云南省海外投资有限公司

---

① 境外产业园区服务平台：《"一带一路"时空之变：园》，https://oip.ccpit.org/ent/parkNew/4797。访问时间：2023年11月16日。

续 表

序号	地区	国家	园区名称	实施企业
7	东南亚	老挝	老挝云橡产业园	云南农垦集团
8	东南亚	老挝	老挝磨丁经济开发专区	老挝磨丁经济专区开发集团有限公司
9	东南亚	马来西亚	马中关丹产业园	广西北部湾东盟投资有限公司
10	东南亚	泰国	中国—东盟北斗科技城	武汉光谷北斗控股集团有限公司
11	东南亚	泰国	泰中罗勇工业园	华立产业集团有限公司
12	东南亚	文莱	大摩拉岛石油炼化工业园	浙江恒逸石化有限公司
13	东南亚	印度尼西亚	中国·印尼经贸合作区	广西农垦集团有限责任公司
14	东南亚	印度尼西亚	印度尼西亚东加里曼丹岛农工贸经济合作区	如皋市双马化工有限公司
15	东南亚	印度尼西亚	印度尼西亚苏拉威西镍铁工业园	青岛市恒顺众昇集团股份有限公司
16	东南亚	印度尼西亚	中国印尼综合产业园区青山园区	上海鼎信投资（集团）有限公司
17	东南亚	印度尼西亚	中国·印度尼西亚聚龙农业产业合作区	天津聚龙集团
18	东南亚	印度尼西亚	印尼西加里曼丹铝加工园区	江苏如皋市双马化工有限公司
19	东南亚	印度尼西亚	中民投印尼产业园	中国民生投资股份有限公司
20	东南亚	印度尼西亚	广西·印尼沃诺吉利经贸合作区	广西农垦集团有限责任公司

续　表

序号	地区	国家	园区名称	实施企业
21	东南亚	印度尼西亚	华夏幸福印尼卡拉旺产业园	华夏幸福卡拉旺产业新城开发公司
22	东南亚	印度尼西亚	中国·印尼经贸合作区	广西农垦集团有限责任公司
23	东南亚	缅甸	缅甸皎漂特区工业园	中信集团
24	东南亚	越南	越南北江省云中工业园区	富华责任有限公司
25	东南亚	越南	越南龙江工业园	前江投资管理有限责任公司
26	东南亚	越南	中国·越南（深圳·海防）经贸合作区	深越联合投资有限公司
27	南亚	巴基斯坦	海尔·鲁巴经济区	海尔集团电器产业有限公司
28	南亚	巴基斯坦	瓜达尔自贸区	中国海外港口控股有限公司
29	南亚	印度	万达印度产业园	哈里亚纳邦将与万达共同组成管委会
30	南亚	印度	印度马哈拉施特拉邦汽车产业园	北汽福田汽车股份有限公司
31	南亚	印度	特变电工（印度）绿色能源产业区	中国特变电工能源(印度)有限公司
32	南亚	斯里兰卡	斯里兰卡科伦坡港口城	中国交建
33	中亚	乌兹别克斯坦	乌兹别克斯坦"鹏盛"工业园	温州市金盛贸易有限公司
34	中亚	塔吉克斯坦	中塔工业园	新疆塔城国际资源有限公司

续 表

序号	地区	国家	园区名称	实施企业
35	中亚	塔吉克斯坦	中塔农业纺织产业园	新疆中泰化学股份有限公司
36	中亚	格鲁吉亚	格鲁吉亚华凌自由工业园	新疆华凌集团
37	中亚	哈萨克斯坦	哈萨克斯坦中国工业园	新疆三宝集团与开发区建设投资开发有限公司
38	中亚	哈萨克斯坦	中哈边境合作中心	当地政府
39	中亚	吉尔吉斯斯坦	吉尔吉斯斯坦亚洲之星农业产业合作	中国河南贵友实业集团
40	西亚	阿联酋	中国阿联酋"一带一路"产能合作园区	江苏省海外合作投资有限公司
41	西亚	阿曼	中国—阿曼产业园	中阿万方投资管理有限公司
42	非洲	阿尔及利亚	中国江铃经济贸易合作区	江西省江铃汽车集团公司
43	非洲	埃及	埃及苏伊士经贸合作区	中非泰达投资股份有限公司
44	非洲	埃塞俄比亚	埃塞俄比亚东方工业园	江苏永元投资有限公司
45	非洲	埃塞俄比亚	埃塞中交工业园区	中国交建集团
46	非洲	埃塞俄比亚	埃塞俄比亚—湖南工业园	埃塞俄比亚湖南工业园运营管理公司
47	非洲	吉布提	吉布提国际自贸区	中国招商局集团
48	非洲	毛里求斯	毛里求斯晋非经贸合作区	山西晋非投资有限公司

续 表

序号	地区	国家	园区名称	实施企业
49	非洲	南非	海信南非开普敦亚特兰蒂斯工业园区	青岛海信中非控股股份有限公司
50	非洲	尼日利亚	越美（尼日利亚）纺织工业园	越美集团有限公司
51	非洲	尼日利亚	尼日利亚宁波工业园区	宁波中策动力机电集团
52	非洲	尼日利亚	尼日利亚卡拉巴汇鸿开发区	江苏汇鸿国际集团
53	非洲	尼日利亚	莱基自由贸易区	中非莱基投资有限公司（北京）
54	非洲	尼日利亚	尼日利亚广东经贸合作区	中富工业园管理有限公司
55	非洲	莫桑比克	莫桑比克万宝产业园	湖北万宝粮油股份有限公司
56	非洲	莫桑比克	莫桑比克贝拉经济特区	鼎盛国际投资有限公司
57	非洲	苏丹	中苏农业开发区	山东国际经济技术合作公司
58	非洲	塞拉利昂	塞拉利昂农业产业园	海南橡胶集团
59	非洲	坦桑尼亚	坦桑尼亚巴加莫约经济特区	中国招商局集团
60	非洲	坦桑尼亚	江苏—新阳嘎农工贸现代产业园	江苏海企技术工程有限公司
61	非洲	津巴布韦	中津经贸合作区	皖津农业发展有限公司
62	非洲	乌干达	乌干达辽沈工业园	辽宁忠大集团

续 表

序号	地区	国家	园区名称	实施企业
63	非洲	乌干达	非洲（乌干达）山东工业园	昌邑德明进出口有限公司
64	非洲	赞比亚	中垦非洲农业产业园	中垦集团
65	非洲	赞比亚	赞比亚中国经济贸易合作区	中国有色矿业集团有限公司（北京）
66	非洲	赞比亚	中材赞比亚建材工业园	中材集团
67	欧洲	俄罗斯	俄中托木斯克木材工贸合作区	中航林业有限公司（山东）
68	欧洲	俄罗斯	俄罗斯乌苏里斯克经贸合作区	康吉国际投资有限公司
69	欧洲	俄罗斯	中俄现代农业产业合作区	东宁华信经济贸易有限责任公司
70	欧洲	俄罗斯	中俄（滨海边疆区）农业产业合作区	中俄合资阿尔玛达（ARMADA）公司
71	欧洲	俄罗斯	俄罗斯龙跃林业经贸合作区	俄罗斯龙跃林业经贸合作区管理有限公司
72	欧洲	俄罗斯	俄罗斯圣彼得堡波罗的海经济贸易合作区	上海实业集团
73	欧洲	俄罗斯	中俄—托森斯克工贸合作区	恒达——西伯利有限责任公司
74	欧洲	白俄罗斯	中白工业园	中工国际股份有限公司（北京）
75	欧洲	比利时	中国—比利时科技园	联投欧洲科技投资有限公司
76	欧洲	法国	中法经济贸易合作区	中法经济贸易合作区有限公司

续 表

序号	地区	国家	园区名称	实施企业
77	欧洲	塞尔维亚	塞尔维亚贝尔麦克商贸物流园区	温州外贸工业品有限公司
78	欧洲	塞尔维亚	塞尔维亚中国工业园	中国路桥集团
79	欧洲	匈牙利	中匈宝思德经贸合作区	烟台新益投资有限公司
80	欧洲	匈牙利	中欧商贸物流园	山东帝豪国际投资有限公司

来源：中国境外经贸合作区投促办公室。

未来，"一带一路"倡议沿线国家和地区依然是中国海外合作园区建设发展的重要空间承载体。作为探索全球治理与共赢的手段，中国的海外合作园区正在以全新的速度和全新的姿态推动着"一带一路"覆盖的六大经济走廊沿线国家和地区的交流与合作，已经成为中国"一带一路"倡议的重要组成部分。随着"一带一路"倡议的持续推进，海外合作园区作为承载投资国与东道国家经济空间拓展的作用将会进一步凸显，中国在"一带一路"沿线国家和地区合作产业园区建设分布也必将趋向于更科学、更合理、更全面的发展。

1. 整体定位方面，中国海外园区从强调"中国"向强调"海外"转变

中国在国内外产业园区开发运营积累了丰富经验，海外合作园区开发不仅是简单的项目建设，还包括规划设计、建设运营、招商融资、产业组织与选择、技术和人才培养等综合服务要求，并致力于引进适宜的产业在园区落地，推动相关科技与人才的本地化，对推动当地产业结构优化升级发挥了重要作用。在此背景下，中国海外园区的发展理念由"中国—海外园区"向"海外—中国"园区转变，坚持包容性发展、共享式发展，立足长期扎根当地，树立企业社会责任。"国之交在于民相亲"，海外合作产业园区要践行"共商、共建、共享"的合作共赢理念，充分尊重和主动融入当地社会，充分考虑当地

利益。

2. 园区功能方面，中国海外园区的发展从单一制造、贸易物流园区向科技园及创新区域、海外研发中心型数字智慧园区转变

我国的优势产业"走出去"应以大力推进高新技术产业发展为核心出发点，依托我国海外合作园区建设，努力实现园区产业的高端化和集群化。未来海外合作产业园区功能导向将充分把握在"一带一路"倡议框架下国际化全方位合作的需求和发展方向，充分考虑各方开发主体的边界与利益诉求，鼓励国内优势产能企业进一步开展跨境合作。未来中国海外合作产业园区将与各方加强在人工智能、纳米技术、量子计算机等前沿领域合作，推动大数据、云计算、智慧城市建设，合作产业园区的发展从单一制造、贸易物流园区向科技园及创新区域、海外研发中心型数字智慧园区转变，成为21世纪的数字丝绸之路建设的重要支撑。

3. 空间结构方面，中国海外园区发展从工业主导型园区向产城融合型园区转变

近年来，中国海外园区的建设发展更注重与当地城市规划与城市建设发展功能需求相融合，按照新型城市的要求进行园区建设，这将使中国海外合作产业园区从单纯的工业园区、制造型园区向具有产业支撑的城市发展形态转变。对海外合作产业园区功能定位安排与项目配置要充分与当地市政基础设施对接，统一规划、布局和建设，避免资源浪费和开发成本负担，实现园区服务外部性提升和发展成果共享。在此背景下，中国海外园区的发展理念应当由"工业主导型"向"产城融合型"园区转变，重点突出产业城内未来道路发展主轴的骨干作用，依托主要道路、铁路站点等战略通道和设施进行综合开发，并在发展主轴上形成弹性生长的轴带式开发骨架。①

第三，"联盟发展战略"。该战略针对跨国合作主体国际社会关系网络中

---

① 刘佳骏：《"一带一路"沿线中国海外园区开放发展趋势与政策建议》，《发展研究》2019年8期。

处于"联盟控制结构"的状况,在国际"朋友圈"内,寻找一些具有共同价值观的国家、国际组织、跨国公司作为联盟合作伙伴,以"共商、共建、共享"理念为指导,在权责利相一致的条件下,在边界相连或相关国家建立"国际产能合作园"。园区内尊重相关国家、合作伙伴利益的基础之上,跨国合作主体主要扮演国际公共产品供给者、国际产能合作推动者、国际产能合作园区管理者等角色,与合作方一起,服务全球组织、公司和个人。

马中关丹产业园,由中马两国政府支持,双方共同出资设立马中关丹产业园有限公司开发建设和运营。主要由马来西亚联营公司(51%股权,其中实达集40%、常青集团30%、政府秘书机构18%和彭亨州发展机构12%)和中国广西北部湾东盟投资有限公司(49%股权,其中广西北部湾国际港务集95%、钦州市开发投资有限公司5%),共同开发建设,各参股方式也多样,包括资金和土地。园区规划面积约12平方公里,一期、二期分别占地6.07平方公里、5.93平方公里。与西港经济特区相同,马中关丹产业园区也是依托独特的港口优势,打造马来西亚对外开放的东部门户。园区重点发展钢铁、石油天然气、电子信息、石化工业、生物医药、铝加工、陶瓷制品、食品加工、轮胎、造纸橡胶和棕榈油加工等马中双方传统优势产业,以实现两国优势产能、资金、市场的对接和优势互补。

马来西亚政府承诺投资约33.64亿元人民币用于园区道路等配套基础设施建设,2013年至2018年6月,已累计完成投资约29.81亿元人民币。同时,北部湾港集团项目一期累计完成投资1.5亿元人民币,首家入园企业联合钢铁(大马)集团公司(以下简称"联钢大马",北部湾港集团占股50%)完成基建投资6亿元人民币;项目二期土地收购累计完成投资4.1亿元人民币;北部湾港集团在马中关丹产业园项目中累计完成投资8.6亿元人民币。产业园公司当前主要着手项目一期1号地块的基础配套设施建设及项目二期2、3号地块的规划修编工作。项目一期已完成3平方公里内部"三通一平"建设,剩余3平方公里正在开展土方工程施工、预计很快完工。

马中关丹产业园于2013年2月开园,截至2019年9月,共有9家企业入园,除预留办公用地外项目一期土地已基本用尽，协议投资额285亿元，共创造2万多个就业岗位，所有项目建成投产后有望实现年产值400亿元。其中一期入驻马中关丹产业园的联合钢铁大马集团（年产350万吨钢铁），自2018年以来相继实现焦化厂2#焦炉烘炉顺利点火、1#高炉顺利点火，2#焦炉顺利试产、钢铁烧结A线顺利试产、2#转炉顺利试产、2#高炉点火顺利试产，2018年9月18日，联合钢铁H型钢项目顺利试生产，标志着东南亚地区首条全流程型钢生产线的问世。第二家入园企业新迪轮胎制造，于2019年6月动土修建，计划2020年底实现投产，达到满产600万套轻卡子午线轮胎、乘用车子午线轮胎和50万套客货车午线轮胎。其余理文造纸有限公司纸业生产基地项目、热电联产等项目也进入获批程序。新海能源集团有限公司年产350万吨炼油厂项目已入驻关丹港。此外，铜制造、钒钛铁冶炼、钢厂下游企业等有意向入园的投资者正在开展调研。

成功经验。第一，股权配比合理。联合钢铁集团，是由广西北部湾国际港务集团有限公司和广西盛隆冶金有限公司共同出资成立的国有股份制企业。广西北部湾国际港务集团有限公司是广西壮族自治区政府直属的大型国有独资企业，其对关丹产业园的投资，拉近了与当地合作伙伴的关系，充分发挥了国有企业的资金优势。第二，项目建设合理布局。联合钢铁厂项目一期工程，带动了中冶赛迪集团、宝钢股份有限公司、建成国际集团、上海宝冶集团、中国一冶集团等企业"走出去"，同时国有企业和民营企业搭配合作建设的合理布局，将国有企业的规范管理和雄厚资金与民营企业的效率结合在一起，推动了一期工程的加速完成。第三，人才兴企策略。联合钢铁（大马）集团公司招聘人才坚持"人才兴企"的核心战略，坚持"以人为本、关爱员工、科学培养、全面发展"的用人理念。通过在马来西亚和中国等地开展人才招聘会广揽人才，目前联合钢铁（大马）集团公司已有4000多名员工，其中本地员工占员工总数的70%。食堂分为清真区和非清真区，尊重当地员工和中国及其他国家员工的生活习惯。①

第四，"代理人发展战略"。该战略针对跨国合作主体在国际社会关系网络中处于"代理人控制结构"的状况，在一些对象国家中，跨国合作主体由于缺乏直接国际社会关系网络，以及与异文化群体成员交往的能力，但是鉴于该地区拥有国内发展经济所需要的资源、能源、市场或技术、资金、人才，不得不依靠当地代理人来建立"海外发展平台"。平台的代理人可以是当地政府、公司和个人，也可以是国际上其他政府、公司和个人。跨国合作主体主要扮演平台设计者、推广者，平台资源保障者等角色。

"代理人发展战略"在中国民间发展边境经济的例子是特别多的。在现代主权国家概念形成之前，中国边境少数民族与周边国家一些民族实际上就是一家人，跨境而居。边界条约签订后，就成了两国居民。历史上自然形成的血缘关系，经济社会的相互依赖程度很高，尽管成了两国人，由于原有的生活方式、经济发展模式无法改变，在国境两侧居民自然形成了各自在对面的"代理人"。这种自然形成的、低层次的"代理人发展"模式，在边民互市、跨境经济合作区经济活动中比比皆是，为边境经济发展也做出了贡献。

但是，一旦离开了国境线，进入对方国家国土纵深，出现"离岸"状况，上述这种经济发展模式就不灵了，语言不通、习惯差异、思维隔离就非常明显。研究发现，在"离岸"状态的中国企业，要开拓市场、发展企业，还存在路径依赖问题：国有企业找当地政府，采用各种方式与执政者建立关系，"摆平"官员，获取发展的机会；民营企业只能与中资企业"抱团发展"，或者找到当地华人社会，融入发展。其根本原因，就是人的全球化问题。从这个角度，可以说中国很少有真正意义的全球化企业。中国企业要真正走向世界，成为真正全球化企业，就要攻克"代理人控制结构"的问题。

另外，与"海外发展平台"机构合作，也是国际社会关系网络中处于"代

---

① 鄢星：《中国—东盟国际产能合作模式研究》，广西民族大学硕士学位论文，2020年5月，第36—37页。

理人控制结构"状况下的海外发展战略选择。

如为中国国内企业"走出去"投资发展提供服务的平台机构——中国产业海外发展协会(简称"中海协")与马来西亚北部走廊执行局(简称"NCIA")的合作就是其中典型。NCIA是马来西亚北部经济走廊的管理机构,目的是吸引外国投资和促成项目落地马来西亚北部经济走廊。中海协与NCIA建立紧密的合作关系,能有效弥补中国企业在马来西亚国际关系网络不足的问题,实现互利共赢。

三、经济增长模式选择

边界相邻国家之间,由于国家综合实力不同,国情各异,经济增长模式也不一致。基于国家自主性和理性人的假设,相关国家之间可以而且应当采取不同的经济增长模式。科学选择"搭便车型""雁阵合作型"和"对称联盟型"等边境经济增长模式,是规避边界屏蔽效应,发挥边界中介效应,促成边界综合效应的最佳道路。

第一,搭便车型。由于边界经济具有不能排他的共同利益存在,一些边界相连国家可以选择"搭便车型"经济增长模式,这应该为国际公共产品提供者所允许和鼓励。美国学者曼瑟尔·奥尔森认为集体利益是集团的公共物品,因而具有非排他性,也就意味着任何集团成员为集体利益作贡献所获得的收益必然由集团中所有的成员共同且均等地分享,而无论他们是否为之付出了成本。这种非排他性就为集体成员"搭便车"预留了地盘,提供了可能。[①]一些实力较小国家可以选择"搭便车型"经济增长模式。

在大部分情况下,学者们基于"公地悲剧"[②]认知,如您的社区希望防止当地河流的过度捕捞,并且您认为其他人会减少捕捞,因此您不会限制自己的

---

① [美]奥尔森著,陈郁等译:《集体行动的逻辑》,上海人民出版社,1995年,第31—33页。
② 生态学家伽勒特·哈丁(Garrett Hardin)对此进行了推广。该理论指出:人们为了自身利益而行动,并通过不协调的行动对资源造成破坏。

行为，因此反对"搭便车"。他们认为"搭便车型"经济是一个典型的市场失灵问题，在使用公共财、共有财等资源时，消费者完全不愿负担其成本，或付出的金钱远少于实际应该支付的份额，因此产生的问题。描述了在无法强制排除使用这类财货的状况下，当经济主体可以轻易获得财货之利益时，可能发生的集体行动问题。

实际上，一些国家出自国际道义，或建立命运共同体的目的，允许相关国家享受超过其公平份额的共享资源或支付低于其公平份额的成本时，也就是允许"搭便车型"经济的存在。2014年8月，中国国家主席习近平在蒙古国国家大呼拉尔发表演讲时说，中国愿意为周边国家提供共同发展的机遇和空间，欢迎大家搭乘中国发展的列车，搭快车也好，搭便车也好，我们都欢迎。[①]

研究发现，在各种情况下出现搭便车问题，即每个人享受公共物品，并不会降低服务的可用性。例如：第一，灯塔使用。所有水手，无论国籍如何，都受益于一个国家的灯塔以保证他们的安全，尽管不支付灯塔的建造或维护费用。第二，国防保护。国防的受益人可能缴纳也可能没有纳税来支持国防，但军队仍然会保护他们。第三，街道照明。你无法阻止人们享受街道照明的好处，无论他们是否为街道照明的存在做出了贡献。

尽管搭便车问题是一个挑战，但越来越多学者认为搭便车发展仍然具有积极意义，并可以通过以下措施解决问题：1. 鼓励利他主义：这意味着唤起公众做正确事的内在愿望。尽管从逻辑上讲，有些人可能会渴望搭便车，但直接沟通他们作为个人所获得的好处可能会影响决策行为。2. 提供激励措施：这些激励措施可以是象征性的。例如为做出贡献的受益人授牌匾。3. 公共服务私有化：公共物品私有化通过使普通公共服务成为排他性来减少搭便车问题，例如创建仅供当地居民使用的公园。4. 税收：通过税收为公共产品提供资金，将公共服务成本平均分配给所有公民，并通过税法纠正搭便车的企图。

[①] 新华网：《习近平：欢迎搭乘中国发展的列车》，https://www.xinhuanet.com//world/2014-08/22/c_126905369.htm。访问时间：2023年11月20日。

国外有以瑞典经济发展的成功，研究小国采取搭便车型经济发展模式取得成功的例子。认为，国际政治经济中的小型工业国家，在经济全球化的大背景下，根据霸权稳定理论变体的推论，奉行重商主义搭便车政策，即在国内不受惩罚地实施保护，同时在国外享受自由贸易，施行开放式的贸易政策，实现经济增长[1]。最近（2022年）的研究成果还有，孟加拉国实施搭"一带一路"倡议便车的经济发展政策，实现了国家经济的快速增长[2]。

英国阿伯丁大学教授迈克尔·基廷（Michael Keating）认为，施行"搭便车型"经济的小国，能够拥有2个发展优势：一是拥有安全和市场准入的外部庇护所。策略是采取军事联盟或自由贸易协定的形式。小国对绝对国家主权的原则没有什么利害关系，而那些有能力执行这种原则的国家更感兴趣，并且对基于规则的国际制度有很大的利害关系。二是具备内部缓冲或调整机制优势，使它们能够灵活、快速地应对外部环境的变化，包括经济衰退和贸易格局的变化。特别是社会投资福利国家尤其适合采取这类经济政策。[3]

第二，雁阵合作型。由于边界相连国家之间资源禀赋不同，国际分工不一，国家经济实力也有差异，在地区经济一体化加快的前提下，相关国家之间或基于历史习惯或基于制度安排，形成了一个或多个国家领衔，一群国家跟进的"雁阵合作型"经济发展模式。历史上"东亚模式"就是这个类型，目前正在实施的"1+10"（中国—东盟、日本—东盟、韩国—东盟）和"3+10"（中、日、韩—东盟）也是这个类型。

日本经济从20世纪50年代开始从废墟中快速崛起，1955年日本经济由战后复兴期进入高速成长期。从1955年到1973年，日本年均GDP增长率超过9%，

---

[1] Anders Ahnlid, Free or Forced Riders: Small States in the International Political Economy: The Example of Sweden, Cooperation and Conflict, Volume 27, Issue 3.September 1992.

[2] Johannes Plagemann, Small states and competing connectivity strategies: what explains Bangladesh's success in relations with Asia's major powers? THE PACIFIC REVIEW, 2022, VOL. 35, NO. 4, 736–764.

[3] Michael Keating, Small States in the Modern World: Opportunities and Vulnerabilities, 16 March 2020, https://www.centreonconstitutionalchange.ac.uk/news-and-opinion/small-states-modern-world-opportunities。访问时间：2023年11月20日。

在整个20世纪60年代，日本工业生产值平均年增16%，国民生产总值平均年增11%，在1968年更是取代联邦德国，成为仅次于美国的资本主义世界第二经济强国，再次跃升成为发达国家，1978年更超过苏联，成为世界第二大经济体，这就是"东亚奇迹"。

对此，学术界特别是日本学者试图给"东亚奇迹"一个理论解释，他们很快发现，"雁行形态理论（Flying Geese Pattern）"能够解释20世纪60年代至80年代东亚经济的成片起飞。

实际上，早在20世纪30年代日本学者赤松要（1896—1974）在其《我国经济发展的综合原理》（1932年）提出了产业发展模式的"雁行形态理论"概念和框架，其实证研究对明治时期到20世纪20年代日本近代产业开创时期进行了分析。到1960年，赤松要完整提出了该理论，他通过对日本棉纺工业从进口发展到国内生产，再发展到出口的历史性考察，认为后进国家的产业发展应遵循"进口—国内生产—出口"的模式，使其产业相继更替发展。

赤松要认为，在这个"雁阵飞行形态"中：一、第一只雁是进口浪潮。由于后进国家的产业结构脆弱，国民经济体系不完整，而市场又对外开放了，这就使国外产品大量涌入本国市场。此时，市场基本上被进口产品充斥。二、第二只雁是进口所引发的国内生产浪潮。国外产品的进入，使后进国家的市场规

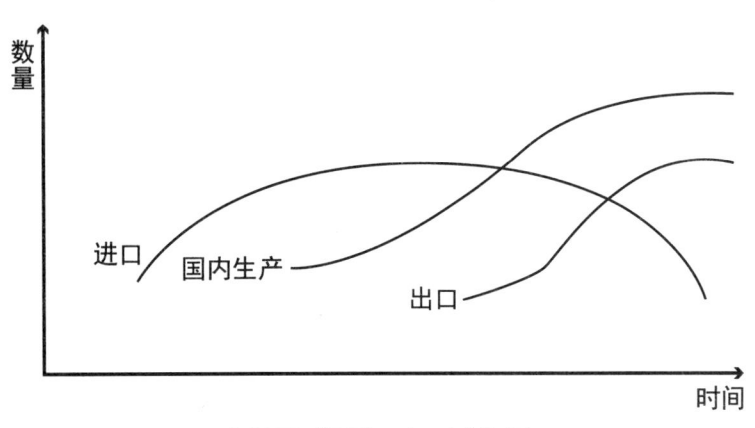

赤松要"雁阵飞行形态"图

模得以扩大，此时后进国家可以通过充分模仿、引进和利用进口产品的生产工艺和技术，并使之与本国的廉价劳动力和优势自然资源相结合，从而不断增加某些进口产品的国内替代生产。三、第三只雁是国内生产所引致的出口浪潮。后进国家生产达到一定规模后，由于本国的劳动力和自然资源优势，加上生产到了一定阶段，高新技术转化率和转化速度得以提高，经营管理得以改善，使原进口产品的替代生产具有比以往进口国更大的成本优势，使其产品的销售在国际市场上具有较大的竞争优势和市场地位，以致形成了原有进口产品开始占领国际市场的浪潮。[1]

这一理论后来经过小岛清的发展成为20世纪70年代日本向ANIES（亚洲新兴工业国和地区）和ASEAN（东盟国家和地区）进行产业转移，推动本国经济发展的重要理论根据。对产业转移理论作出贡献的还有R.Vernon（弗农，1966），他在20世纪60年代提出了产品周期论，对地域间或国际间产业与产品的周期性发展进程，以及由此导致的产业和产品的转移作了系统的描述和理论上的总结。20世纪90年代以来，有关产业转移的理论有了新的进展，主要表现在产业转移理论与国际经济学及国际经营学理论的联系日趋紧密。在小岛清的"边际产业扩张论"（Kojima，1978）的延长线上，一些日本学者强调，产业转移是产业结构调整国际化的载体（大西胜明，1999），因为产业结构调整总是伴随着产业跨国转移和企业跨国经营。牛丸元等（1999）进一步用国际贸易理论中的"H—O—S模型"来解释赤松要的雁行模式和弗农的产品生命周期理论，认为产业发展的雁行状态和产业的生命周期描述了一国或一地区的产业进化过程，但其实质是反映了比较优势的转移以及与此相关的产业转移。在产业转移的微观层面的理论研究上，Dunning（邓宁，1988）用"O—L—I模型"来说明企业的对外投资和扩张行为，认为产业组织决定的所有权优势（Ownership—specificadvantages，O优势），要素赋存结构决定的区域优势（Location—specific advantages，L优势），交易成本决定的内部化优势

---

[1] 佟家栋、周申编：《国际贸易学：理论与政策》，高等教育出版社，2007年，第123页。

（Internalization incentive advantages，L优势），是解释企业对外直接投资和跨国经营的主要原因。[1]

赤松要的"雁行形态理论"以及其他相关理论说明了一个共同的理论问题，即不断调整和优化产业结构，是区域经济增长的客观要求，也是区域经济发展的强大动力。发达地区某些曾经是优势的产业或产品，由于比较效益的变化，将逐渐丧失优势，向不发达地区转移，而这些产业或产品在不发达地区可以逐渐形成为优势，并将产品反出口到原来的发达地区。产业结构的这种变化，即区间产业的转移，生产布局在区间的调整，可以使不发达地区避免发达地区经济发展过程中曾经走过的一些路径，通过引进、转移，使经济快速增长，从而有利于缩小不发达与发达地区之间的经济差距，推动区间经济平衡发展。而这个过程中，核心是"第一只雁"。

值得注意的是，小岛清的巨大贡献是将"雁阵模式"纳入经典的比较优势理论框架内，用要素禀赋的变化解释"雁阵模式"的合理性（Kojima，2003）。他认为，一国具有比较优势的部门或企业，原本可以通过出口贸易的发展保持其海外市场的占有份额。但当某些部门或企业的出口贸易已经失去这种比较优势，而东道国的资源丰富、劳动成本低，只是由于缺乏资金、技术和管理技能，使其资源开采和劳动力密集的部门的比较优势不能得到充分利用时，企业进行对外直接投资不仅有利于利用东道国的比较优势，而且也有利于本国进行产业结构调整，把处于比较劣势的生产活动转移到国外，并推动这些企业运用其新的比较优势发展新的出口，从而使本国企业的比较优势持续不衰。[2]

因此，在实践中，"10+1"和"10+3"取得了巨大的成功。

"10+1"是指东盟10国分别与中日韩3国（即3个"10+1"）合作机制的简称。20世纪90年代后期，在经济全球化浪潮的冲击下，东盟国家逐步认识到启动新的合作层次、构筑全方位合作关系的重要性，并决定开展"外向型"经济

---

[1] 阎晓东：《实现制造业发展由雁行模式向跨越式发展转变》，《学术论坛》2005年03期。
[2] 李伟民：《金融大辞典》，黑龙江人民出版社，2002年，第132页。

合作。"10+1"合作机制应运而生，"10+1"已发展成为东亚合作的主要渠道，被认为是亚洲地区的发展方向和振兴的重要标志。

"10+1"合作机制以经济合作为重点，逐渐向政治、安全、文化等领域拓展，已经形成了多层次、宽领域、全方位的良好局面，并在"10+3"框架内逐步开展了中日韩三边合作。"10+1"确定了五大重点合作领域，即农业、信息通信、人力资源开发、相互投资和湄公河流域开发。中日韩合作也确定了五大领域，包括经贸、信息产业、环保、人力资源开发和文化合作，并建立了六个部长会议机制。在"10+1"和中日韩合作机制下，每年均召开首脑会议、部长会议、高官会议和工作层会议。

"10+3"是东盟10国和中日韩3国合作机制的简称，是推进东亚合作的主渠道，形成了全方位、宽领域、多层次的合作格局，影响日益扩大。1997年，首次东盟—中日韩领导人非正式会议在马来西亚举行，东盟各国和中日韩3国领导人就21世纪东亚地区的前景、发展与合作问题坦诚、深入地交换了意见，并取得广泛共识。"10+3"合作进程由此启动。"10+3"领导人会议是"10+3"合作机制最高层级机制，每年举行一次，主要对"10+3"发展做出战略规划和指导。

在2022年的《10+3合作工作计划（2023—2027）》中，明确规定：

（一）促进贸易和投资：1. 全面实施和有效利用《中国—东盟自贸协定》（ACFTA）、《韩国—东盟自贸协定》（AKFTA）、《日本—东盟全面经济伙伴关系协定》（AJCEP）以及区域全面经济伙伴关系协定（RCEP）；2. 通过《中国—东盟自贸协定》《韩国—东盟自贸协定》升级版以及在这两者和《日本—东盟全面经济伙伴关系协定》框架下开展经济合作，推动以技术为基础的贸易便利化；3. 加强合作，通过有效落实和充分利用《中国—东盟自贸协定》《韩国—东盟自贸协定》《日本—东盟全面经济伙伴关系协定》以及RCEP，造福地区人民和企业，特别是中小微企业（MSMEs），探讨与东亚商务理事会（EABC）合作，开展有关推广和能力建设活动；4. 在经济金融韧性、贸易便利化、投资、数字贸易、中小微企业、绿色复苏、可持续经济、打造可持续、有韧性、包容的区域供应链、互联互通与数字赋能、包容和变革等领域加强合作，提升地区应对未来挑战的能力，实现疫后经济复苏；5．落实《东盟全面复苏框架》（ACRF）及其实施计划，助力东盟抗击新冠肺炎疫情危机，增强韧性并发展壮大，重视受冲击最大的行业和弱势群体；6．通过能力建设、促进投资最佳实践分享等措施和行动，提升投资环境吸引力；7．建设开放、公平、自由、包容、透明、可预测、非歧视、以规则为基础、以世界贸易组织为核心的多边贸易体制；提升货物自由流动、供应链互联互通及服务效率，消除不必要的贸易壁垒及对全球和区域供应链的干扰；避免采取与世贸组织规则和其他适用贸易协定不符的单边保护主义措施；8．推进世贸组织改革，提升该组织在应对新冠肺炎疫情等带来的全球经济挑战的有效性、透明度和韧性；9．以数字技术和"东盟单一窗口"等平台为基础，改善海关手续，加快通关和放行；10．加强政府、区域研究机构和智库间合作，满足10+3研究需求，进一步鼓励开展联合活动，促进各国间的商业联系；11．加强东盟在中国—东盟中心、日本—东盟中心和韩国—东盟中心所举办活动和项目中的参与度与作用，鼓励上述机构在东盟成员国积极开展活动，促进贸易投资合作；12．鼓励东亚商务理事会（EABC）、中国—东盟中心、日本—东盟中心和韩国—东盟中心开展合作，促进贸易投资合作；13．鼓励东盟商务咨询理事会、10+1商务理事会、东亚商务理事会（EABC）、联合商务理事会（JBC）与中日韩合作秘书处开展合作，深化经贸联系，促进私营部门间的区域一体化；14．促进便利、适宜的贸易投资环境，摆脱新冠肺炎疫情影响，加快经济复苏步伐，特别是中小微企业和脆弱经济领域。

（二）维护地区金融市场稳定：1．进一步强化清迈倡议多边化（CMIM）作为区域金融安全网核心组成部分的作用；2．支持10+3宏观经济研究办公室（AMRO）成为独立、可靠、专业国际组织的愿景，作为10+3成员值得信赖的顾问，发挥其监测区域经济、为CMIM提供支持、为成员提供技术援助的核心功能，支持危机应对，提供政策建议；鼓励AMRO根据快速变化的形势和10+3

成员日益增长的需求，更新并实施其《战略方向》，包括建设区域智库网络，强化AMRO作为区域知识中心的作用；3. 支持亚洲债券市场倡议（AMBI）为建设地区本币债券市场所作贡献，包括在10+3国家间扩大服务基础设施建设的绿色、可持续债券市场；4. 推动发行以本币计价的政府债券和公司债券，加强信用担保与投资基金（CGIF）的作用；5. 支持东南亚灾害风险保险基金（SEADRIF），发挥其加强区域金融韧性、抵御气候巨变和灾害影响的平台作用；6. 创新10+3金融合作，在基础设施融资、宏观结构性工具、灾害风险融资、金融科技以及金融数字化和转型金融倡议下的各领域加强合作。[①]

第三，对称联盟型。一些边界相邻国家，由于国内资源禀赋相当、国家经济实力接近、人口规模基本一样、产业分工趋同，他们联合自强，在对等原则之下，结成经济同盟，甚至形成经济共同体，以一个声音说话，共同应对全球经济挑战。历史上的"欧共体"以及目前的"欧洲联盟""东南亚国家联盟"和"石油输出国组织"就这个类型。

支撑起"对称联盟型"发展的理论包括关税同盟理论、自由贸易区理论、大市场理论、协议性国际分工理论和"辐条—轮轴"理论。

关税同盟理论。1950年，雅各布·维纳（Jacob Viner, 1892—1970）首次提出了关税同盟理论，他是芝加哥经济学派的早期成员之一，他提出的"贸易创造效应"和"贸易转移效应"两个概念，成了区域经济一体化研究领域的理论基础。他指出，"贸易创造"是指关税同盟的会员国之间互相取消关税壁垒实行自由贸易之后，某些原来在国内生产的产品因其比较成本高于伙伴国，而被伙伴国的产品所替代，由此产生的贸易即为关税同盟创造的贸易，贸易创造效应会带来集团内部会员福利水平的提高；而"贸易转移"是指在关税同盟会员间取消了贸易壁垒并对同盟外部的国家实行统一的贸易政策之后，一国因为内外部税费的差异将原来由非同盟国进口的产品转移从同盟国进口。

---

① 外交部：《10+3合作工作计划（2023—2027）》，https://www.mfa.gov.cn/web/gjhdq_676201/gjhdqzz_681964/lhg_682542/zywj_682554/202211/t20221115_10975401.shtml。

对参与关税同盟的国家来说，由此所产生的福利水平的变动取决于贸易创造和贸易转移效应的相对大小：当创造效应大于转移效应时，世界经济的效率和潜在的福利水平将会提高；反之则会降低。同时，从世界福利的角度来看，世界整体福利水平会由于贸易转移而降低。在两国结成关税同盟后，福利水平的增减一方面取决于结盟国本身的需求和供给，另一方面也取决于其他因素，如同盟国会员之间的地理位置和交通状况，同盟国会员本身的贸易量大小，关税壁垒在结盟前后的高低变化，同盟国对外贸易壁垒水平的高低等等。

除去福利水平，关税同盟的缔结通过促进竞争，规模化生产和优化经济资源配置，使得会员国产生促进专业化生产、降低成本、优化贸易条件、推动技术进步等诸多良性的影响。

关税同盟的效果可以分为静态效果和动态效果。静态效果包括贸易创造效应（Trade Creating Effect）、贸易转移效应（Trade Diverting Effect）和贸易扩大效应（Trade Expansion Effect）。建立关税同盟后，可减少行政开支减少犯罪、走私增强合作、增强集团的谈判力量。动态效果使得资源配置更加优化，有利于获得专业与规模经济利益、投资扩大和技术进步。

自由贸易区理论。1955年，英国经济学家、诺贝尔经济学奖获得者詹姆斯·爱德华·米德（1907—1995年）在关税同盟理论的模型基础上，研究了贸易效应问题。他指出在自由贸易区条件下会产生"贸易偏转"现象和"间接贸易偏转"现象。其中，"贸易偏转现象"是指利用区内不同会员对外关税存在的差异，从税率最低的国家进入自由贸易区再转售到税率较高国家的现象；而"间接贸易偏转"是指其中一个会员国将本国生产的商品出口到其他会员国，同时从区外进口类似的商品以满足国内存在的需求，即进口区外商品替代区内商品的现象。另外，因为不能彻底消除间接贸易偏转效应，所以反而会减少因组建FTA而产生的贸易转移。从FTA的组建对会员国及世界整体福利水平的影响上来看，自由贸易区是优于关税同盟的。

米德在他的《国际贸易几何学》（1952）中继承了20世纪30年代初由里昂惕夫和勒纳的研究成果，在分析了两个国家、两个商品供给状况的供给曲线后，指出一个国家根据贸易方面的选择价值而愿意而出口或进口商品组合。米德利用"贸易无差异曲线"的概念，在一个单独的图解中阐述包含两个国家的自由贸易均衡，而每一个国家都具有自己的生产可能性边界和消费无差异曲线。

大市场理论。大市场理论的代表人物是西托夫斯基（T.Scitovsky）和德纽（J.F.Deniau），该理论以生产要素的自由流动为分析基础，提出通过生产要素的自由流动，将分割的小市场融合为统一的大市场，进而实现生产的专业化、规模化以及资源配置的大市场化的论点。

他们认为：第一，通过建立共同市场，使国内市场向统一的大市场延伸。市场的扩大使得市场上的竞争更加激烈，而市场的优胜劣汰必将促进了企业之间的分化，一些经营不善的小企业被淘汰，一些具有技术优势的企业则最终在竞争中获胜并且扩大了经营的规模，实现了规模经济和专业化生产。第二，企业生产规模的扩大以及激烈的市场竞争必将降低商品生产的成本和销售价格，而价格的下降会导致市场购买力的扩大和居民实际生活水平的提高。第三，市场购买力的扩大和居民实际生活水平的提高反过来又会进一步促进投资的增加和规模的扩大，最终会使经济开始滚雪球式的扩张。因而得出结论，大市场的形成会促进和刺激经济的良性循环，带动经济蓬勃发展。

大市场理论中，共同市场在一体化程度上比关税同盟又进了一步，它将那些被保护主义分割的小市场统一起来，结成大市场，然后通过大市场内激烈竞争，实现大批生产带来的大规模经济等方面的利益。德纽对大市场带来的规模化生产进行了描述，最终得出结论：这样一来，经济就会开始其滚雪球式的扩张。消费的扩大引起投资的增加，增加的投资又导致价格下降，工资提高，购买力的提高……只有市场规模迅速扩大，才能促进和刺激经济扩张。西托夫斯基则从西欧的现状入手，提出西欧陷入了高利润率，低资本周转率，高价格的矛盾，存在着小市场与保守的企业家态度的恶性循环。因而，只有通过共同市场或贸易自由化条件下的激烈竞争，才能迫使企业家停止过去那种旧式的小规模生产而转向大规模生产，最终出现一种积极扩张的良性循环。

协议性国际分工理论。1970年小岛清在其《对外贸易论》中提出的"协议性国际分工理论",他认为:经济一体化组织内部如果仅仅依靠比较优势原理进行分工,不可能完全获得规模经济的好处,反而可能会导致各国企业的集中和垄断,影响经济一体化组织内部分工的发展和贸易的稳定。因此,必须实行协议性国际分工,使竞争性贸易的不稳定性尽可能保持稳定,并促进这种稳定。

小岛清认为在报酬递增的前提下,两国或多国通过达成一定的协议来清除市场壁垒并实现规模经济。这是因为当存在成本递减现象时,价格机制不能自动地实现这种国际分工,只有依靠相关国家达成一定的协议来实现,如通过区域贸易合作组织进行协议分工。

实行协议性分工的条件是:一是必须是两个(或多数)国家的资本、劳动禀赋比率没有多大差别,工业化水平和经济发展阶段大致相等,协议性分工的对象商品在哪个国家都能进行生产。在这种状态之下,在互相竞争的各国之间扩大分工和贸易,既是关税同盟理论所说的贸易创造效果的目标,也是协议性国际分工理论目标。而在要素禀赋比率和发展阶段差距较大的国家之间,由于某个国家只能陷入单方面的完全专业化或比较成本差距很大,所以还是听任价格竞争原理(比较优势原理)为宜,并不需要建立协议性的国际分工。二是作为协议分工对象的商品,必须是能够获得规模经济的商品。因此产生出如下的差别,即规模经济的获得,在重化工业中最大,在轻工业中较小,而在第一产业几乎难以得利。三是不论对哪个国家,生产协议性分工的商品的利益都应该没有很大差别。也就是说,自己实行专业化的产业和让给对方的产业之间没有优劣之分,否则就不容易达成协议。这种利益或产业优劣主要决定于规模扩大后的成本降低率,随着分工而增加的需求量及其增长率。从第三个条件(没有优劣之分的产业容易达成协议)可以得出:协议性分工是同一范畴商品内更细的分工。

"辐条—轮轴"理论。"辐条—轮轴"理论是由Hutbauer和Schott在1994年提出的,他们认为:如果一国与多个国家签订双边自由贸易协定,形成辐条—轮轴结构,则轮轴国(如美国)因为与多个辐条国(如中国,亚非地区国家）之间有FTA，其产品可以自由地进入所有的辐条国。而辐条国之间因为没有相应的FTA，受原产地规则的限制，它们之间的产品不能相互自由进入。所以在这种结构中，轮轴国处于有利的地位。

"辐条—轮轴"理论的形成是在20世纪90年代来，区域贸易协定的数量逐渐增多，有些区域贸易协定会在某一地区交错重叠，进而形成相互交叉的多层次的"辐条-轮轴"模式。这是一种利益分配不均衡的区域经济一体化模式，在改进区域整体的福利水平上不及所有国家共同参与一个统一的区域贸易协定。具有"辐条—轮轴"特征的区域贸易协定在利益分配方面则比较复杂，且轮轴国与辐条国之间的利益分配很不均衡。轮轴国处于整个体系的中心位置，凭借与辐条国的贸易协定自由进入任一辐条国，在整个区域中具有非常明显的竞争优势，相比之下，辐条国因缺少主动权，在区域内部的市场上处于相对劣势的竞争地位。

中国学者李向阳在2008年指出："辐条—轮轴"体系在产业层面会产生生产转移效应和轮轴效应，前者为了消除处于体系外的不利地位，产业会由非会员国转移到会员国，为了获得轮轴国具有的优势竞争地位，产业倾向于从轮轴国转移到辐条国。在此条件下，大国可凭借其独立的经济地位自然地成为轮轴国，如美国、中国、日本、欧盟经济体等，美洲地区的智利和墨西哥、亚洲地区的新加坡等国是依靠主动出击在区域经济一体化的进程中获得了轮轴国的地位的特例，而小国若想获得轮轴国地位，则需要主动与其他国家交好并签订区域贸易协定。

"辐条—轮轴"体系的利益分配机制使得地区内经济体期望通过竞相扩张辐条国，成为所在地区的轮轴国，从而在区域内占据有利的竞争地位，这也是瑞士日内瓦大学国际经济学教授Baldwin Richard于1995年提出的地区主义"多米诺理论"的前提。Baldwin认为区域贸易合作的扩展会产生"多米诺骨牌"效应，一个开放的自由贸易区甚至可以向全世界扩张，封闭的区域经济体则会促使非会员国之间结盟。这是因为区外国家为了避免或降低因未加入自贸区而产生的贸易转移效应和因此造成的福利损失，会去争取加入已有的自由贸易区，而如果该贸易协定是封闭的，则区外国家之间会寻求合作，以求减少其贸易福利损失。

"对称联盟型"经济发展模式的典型案例就是"欧洲联盟"及其前身"欧洲经济共同体"。

"欧洲经济共同体"成立于世界经济发展进入一个新阶段的条件下。一是战后，生产力大大提高，这时经济协作范围更加广阔，生产和资本的国际化大大加强，出现了许多大型的跨国公司，这就使西欧六国经济联系变得更加密切。如何处理国与国之间的经济关系，需要一个超出一国范围的国际机构进行协调。二是二战后，各国为协调经济，普遍加强了国家对经济的干预，国家干预经济的体制日趋完善，这就为国际间的协调准备了条件。国际间的协调实际就是国家干预经济的原则在国际间的运用。三是战后初期西欧各国痛感苏联的威胁，不得不依赖美国的保护，这又导致了西欧与美国之间的政治的不平等，经济上受约束，失去了往日的大国地位。他们认识到单靠一国的力量根本无法与美苏相抗衡，因此只有加强各国之间的联合，才能维护他们在欧洲乃至世界上的地位，五六十年代西欧经济迅猛发展，使得要求联合的呼声更为强烈。四是美国战后初期的对欧政策，一定程度上推动了西欧的联合。主要是指战后初期美国的马歇尔计划。美国在推行马歇尔计划的时候，有一个前提条件，要求西欧各国联合起来向美国提出一个总的援助计划，并且要求承诺减少关税和贸易壁垒；政治上允许西德加入北约，在大西洋内部解决了重新武装德国的问题，这就缓解了法国对重新武装德国的恐惧感，使法德之间的关系缓和下来，有意无意地加速了欧洲的联合。

1957年3月25日法、意、荷、比、卢、西德六国首脑和外长在罗马签署了两个条约，即《欧洲经济共同体条约》《欧洲原子能联营条约》，统称为《罗马条约》，提出："通过本条约，缔约各方在它们之间建立一个欧洲经济共同体。"目标是："通过共同市场的建立和各成员国经济政策的逐步接近，在整个共同体内促进经济活动的和谐发展，不断的均衡地扩展，日益增长的稳定，生活水平加速提高以及各成员国间越来越密切的关系。"条约六国先后批准，

交易成本、制度结构、关系网络与经济增长
——边境经济增长的跨学科分析

于1958年1月生效。《罗马条约》没有规定期限和退出条约的程序，却有欢迎其他国家加入这一条约的条文，这是开放性的条约，这也说明西欧六国把共同体看作是一个更加广泛的欧洲一体化的基础和起点。

欧共体是世界上一支重要的经济力量。12国面积为236.3万平方公里，人口3.46亿。1992年欧共体12国国内生产总值为68412亿美元（按当年汇率和价格）。欧共体是世界上最大的贸易集团，1992年外贸总额约为29722亿美元，其中出口14518.6亿美元，进口15202.7亿美元。

"欧洲联盟"的诞生，让"对称联盟型"发展模式到了一个前所未有的高度。

1991年12月，欧洲共同体马斯特里赫特首脑会议通过《欧洲联盟条约》，通称《马斯特里赫特条约》。1993年11月1日，《马斯特里赫特条约》正式生效，欧盟正式诞生，至今共有27个成员国。

欧洲联盟是欧洲地区规模较大的区域性经济合作的国际组织。成员国已将部分国家主权交给组织（主要是经济方面，如货币、金融政策、内部市场、外贸），令欧洲联盟越来越像联邦制国家。虽然欧洲联盟还不是真正的国家，欧洲联盟本身也无权行使各成员国的主权，但里斯本条约第一条第八项（款）允许欧洲联盟签订欧洲人权公约成为欧洲委员会的成员国。欧洲联盟组织机构由欧盟理事会、欧盟委员会、欧洲议会、欧盟对外行动署、欧洲法院、欧洲统计局、欧洲审计院、欧洲中央银行、欧洲投资银行，具有传统国家的形态。

欧盟的资金中75%来自各成员国按其国民收入的比例交纳的"会费"。第二个收入来源是增值税，增值税约占总收入的14%。增值税由成员国征收，然后将1%上缴给欧盟。其他来源还有关税和农产品进口的差价税等。

欧盟的诞生使欧洲的商品、劳务、人员、资本自由流通，使欧洲的经济增长速度快速提高。1995年至2000年间经济增速达3%，人均国内生产总值由1997年的1.9万美元上升到1999年的2.06万美元。欧盟的经济总量从1993年的约6.7万

亿美元增长到2002年的近10万亿美元。①

欧盟的经济实力已经超过美国居世界第一。而随着欧盟的扩大，欧盟的经济实力将进一步加强，尤其重要的是，欧盟不仅因为新加入国家正处于经济起飞阶段而拥有更大的市场规模与市场容量，而且欧盟作为世界上最大的资本输出的国家集团和商品与服务出口的国家集团，再加上欧盟相对宽容的对外技术交流与发展合作政策，对世界其他地区的经济发展特别是包括中国在内的发展中国家至关重要。

2022年欧盟和欧元区经济增长率分别为3.6%和3.5%。欧委会预测2023年欧盟和欧元区经济增长率分别为1.0%和1.1%。②

---

① 外交部：《欧盟概况》（2023-02-10），https://www.mfa.gov.cn/web/gjhdq-676201。
② 外交部：《欧盟概况》（2023-02-10），https://www.mfa.gov.cn/web/gjhdq-676201。

第五章
"海外云南"发展战略

当前，在以习近平同志为核心的党中央坚强领导下，各地区各部门坚决贯彻落实党中央、国务院决策部署，坚持稳中求进工作总基调，完整、准确、全面贯彻新发展理念，加快构建新发展格局，着力推动高质量发展，着力扩大内需、优化结构、提振信心、防范化解风险，宏观调控政策持续发力显效，生产供给稳中有升，市场需求持续改善，就业物价总体稳定，民生保障有力有效，转型升级扎实推进，经济回升向好态势持续巩固。但也要看到，外部不稳定不确定因素依然较多，国内需求仍显不足，经济回升向好基础仍需巩固。下阶段，要坚持以习近平新时代中国特色社会主义思想为指导，全面贯彻中央经济工作会议精神，高质量落实党中央对经济工作的重大决策部署，坚持稳中求进、以进促稳、先立后破，完整、准确、全面贯彻新发展理念，加快构建新发展格局，着力推动高质量发展，加大宏观调控力度，切实增强经济活力、防范化解风险、改善社会预期，巩固和增强经济回升向好态势，持续推动经济实现质的有效提升和量的合理增长。[1]

云南经济正在经历由量转质的过程。2022年，云南省实现地区生产总值28954.20亿元，比2021年增长4.3%。第一产业增加值4012.18亿元，增长4.9%；第二产业增加值10471.20亿元，增长6.0%；第三产业增加值14470.82亿元，增

---

[1] 国务院：《国务院新闻办发布会介绍2023年11月国民经济运行情况》，https://www.gov.cn/lianbo/fabu/202312/content_6920479.htm。

长3.1%。第二产业占比较2021年提高0.9%。[1]2023年，前三季度地区生产总值21746.05亿元，按不变价格计算，同比增长4.4%。第一产业增加值2399.22亿元，增长4.5%；第二产业增加值7509.78亿元，增长2.6%；第三产业增加值11837.05亿元，增长5.5%。[2]2022年进出口总额3342.35亿元，增长6.3%，其中出口总额1612.56亿元，增长-8.7%；进口总额1729.79，增长25.5%。2023年1—10月进出口总额2140.44，增长-18.6%，其中出口总额769.84亿元，增长-38.3%；进口总额1370.59亿元，增长-0.9。[3]

2023年11月17日，中共云南省委副书记、省长王予波主持召开全省四季度经济社会发展工作推进会议时指出，"我省经济运行形有波动、势仍向好"，"我省经济工作危机并存、危可转机，关键是有力应对变局、奋力开拓新局"，"我省经济发展量在突破、质在变革，关键是保持战略定力、坚持以质取胜。要找准发力方向，勇于攻坚克难，推动经济实现质的有效提升和量的合理增长"[4]。越是面对困难挑战，越要以扩大开放促进深化改革，以深化改革促进扩大开放，为经济发展注入新动力、增添新活力、拓展新空间。2023年12月，中央经济工作会议在部署2024年九项重点任务中强调要"扩大高水平对外开放"，明确提出"要加快培育外贸新动能，巩固外贸外资基本盘，拓展中间品贸易、服务贸易、数字贸易、跨境电商出口"[5]。

---

[1] 云南省统计局：《2022年云南经济稳定恢复总体向好》，http://stats.yn.gov.cn/Pages_143_2725.aspx。
[2] 云南省统计局：《前三季度云南经济总体保持平稳恢复向好转型升级加快推进》，http://stats.yn.gov.cn/Pages_143_3771.aspx。
[3] 云南省统计局：《2023年10月云南统计月报》，http://stats.yn.gov.cn/Pages_20_3769.aspx。
[4] 云南省人民政府：《王予波主持召开全省四季度经济社会发展工作推进会强调用全面辩证长远眼光看待经济发展 以决战决胜姿态冲刺全年目标任务》，https://www.yn.gov.cn/ywdt/ynyw/202311/t20231118_289549.html。
[5] 国务院：《中央经济工作会议在北京举行 习近平发表重要讲话》，https://www.gov.cn/yaowen/liebao/202312/content_6919834.htm。

交易成本、制度结构、关系网络与经济增长
——边境经济增长的跨学科分析

一、问题提出："海外云南"发展战略与云南边境经济增长

（一）当前经济环境复杂严峻条件下，云南经济如何发展

云南经济不断取得新成绩。2022年是极不平凡、极为艰难的一年，云南较好地完成了经济社会发展主要目标任务，实现GDP28954.2亿，同比实际增长4.3%，名义增速为6.7%。云南经济增长的经验是按照党中央、国务院决策部署，"系统谋划整体推进云南高质量跨越式发展，推动形成大抓产业发展、大抓营商环境、大抓市场主体、大抓改革开放、大抓创新发展、大抓绿色发展的共识共为，出台实施系列三年行动"。这些成绩的取得，源于这些措施的有效实施：一是实施减税降费、退税缓税缓费政策。二是扩大产业投资和居民消费。三是推动产业发展增效。四是优化投资环境。五是制度改革与扩大开放。六是促进城乡和区域协调发展。①

但是，当前云南经济发展面临的环境复杂严峻，与全国一样，"外部风险挑战有所增多。地缘政治风险加大，全球经济增长动能不足。部分发展中国家货币贬值加剧、资本持续外流、偿债难度增加，可能引发国际收支危机和主权债务危机。国内周期性、结构性矛盾并存。有效需求不足，外需面临走弱，内需有待提振，居民就业增收压力较大，消费能力受到抑制。部分行业产能过剩，一些领域风险隐患仍然较多，国内大循环存在堵点。"②

现在，要思考的问题是：新形势下，如何推动各项宏观政策持续落地见效，巩固经济稳中向好的基础？如何推进高水平科技自立自强，开辟发展新领域新赛道。如何加快建设现代化产业体系，发展新质生产力？如何持续深化重点领域改革，构建完善高水平社会主义市场经济体制？如何推进高水平对外开

---

① 云南省发展和改革委员会：《关于云南省2022年国民经济和社会发展计划执行情况与2023年国民经济和社会发展计划草案的报告》，《云南日报》2023年1月30日。
② 刘志强：《贯彻落实中央经济工作会议决策部署 扎实推动高质量发展取得新进展——访国家发展改革委党组书记、主任郑栅洁》，《人民日报》2023年12月22日。

放，加快建设更高水平开放型经济新体制？如何深入推动城乡融合、区域协调发展，提升发展协调性平衡性？如何统筹好发展和安全，防范化解重大风险隐患？如何提升民生福祉，兜住、兜准、兜牢民生底线？等等。

（二）如何发挥云南区位优势，积极融入新发展格局

习近平总书记强调，云南经济要发展，优势在区位、出路在开放。云南地处祖国西南边疆，是我国陆路通往印度洋重要枢纽，同时云南处于东亚、南亚、东南亚近40亿人口经济圈的结合部，直接面对我国第一大贸易伙伴东盟。云南融入"大循环""双循环"新发展格局战略优势日益凸显。在当前外部环境不稳定不确定因素增多背景下，云南在我国开辟陆路印度洋通道以及拓展我国与东盟国际合作交流，推动区域全面经济伙伴协定（RCEP）落地等方面具有无可替代的重要作用。习近平总书记还特别指出，"各地区要找准自己在国内大循环和国内国际双循环中的位置和比较优势，把构建新发展格局同实施区域重大战略、区域协调发展战略、主体功能区战略、建设自由贸易试验区等有机衔接起来，打造改革开放新高地"。[①]

2021年11月，中共云南省委书记王宁表示，未来5年云南的主要奋斗目标之一，就是面向南亚东南亚辐射中心地位更凸显，开放型经济新体制基本形成，面向南亚东南亚和环印度洋大通道建设取得突破性进展。综合交通、能源、数字、通信、物流枢纽基本建成，对周边国家的吸引力、辐射力、带动力、影响力显著提升。[②]

方向已定，现在问题是怎么做？如何发挥云南区位优势，积极融入新发展格局？

---

① 习近平：《新发展阶段贯彻新发展理念必然要求构建新发展格局》，《求是》杂志，2022年8月31日。
② 中国新闻网：《云南将在未来五年构筑对外开放新高地》，2021年11月27日，https://www.chinanews.com.cn/sh/2021/11-27/9617444.shtml。

（三）相对于传统的经济增长模式，云南经济增长新动能在哪里

当前我国经济正处在从高速度发展向高质量发展转换的关键阶段。云南省提出2023年GDP增长目标为6%，就是为推动高质量发展预留出更多的空间，以便各方将经济工作的重点放在经济结构调整、转型升级上，提升经济增长的质量和效率。其中，推进新旧动能转换，培育壮大新动能是经济高质量发展的关键一步。所谓新旧动能转换，就是用新的经济动能来代替旧的经济动能，或者用新技术改造提升传统经济模式，形成新的经济增长模式，其中新动能主要是新产业、新业态和新商业模式。

目前条件下，如何释放内需潜力，扩大有效投资和社会消费？如何做强实体经济，推进产业强省？如何推进重大基础设施建设，完善现代基础产业体系？如何推进数字云南建设，强化数字赋能？如何坚持农业农村优先发展，进一步夯实乡村振兴基础？如何推进新型城镇化，促进区域协调发展？如何深化重点领域改革，激发市场主体活力？如何推进高水平对外开放，以大开放促进大发展？如何推进创新驱动发展，加快建设创新型云南？如何提高生态环境质量，推进绿色低碳转型？等等。

特别重要的一个问题是，相对于传统的经济增长模式，云南经济增长新动能在哪里？如何发展新产业、构建新业态、凝练新商业模式？

上述问题思考及行动，让我们再次过渡到一个新的经济发展模式——"海外云南"发展战略。

二、理论构建："海外云南"发展战略的交易成本、制度结构、关系网络

（一）"海外云南"发展战略基本概念

1. 国内生产总值（GDP）

国内生产总值指按市场价格计算的一个国家（或地区）所有常住单位在一

定时期内生产活动的最终成果。国内生产总值有三种表现形态，即价值形态、收入形态和产品形态。从价值形态看，它是所有常住单位在一定时期内生产的全部货物和服务价值与同期投入的全部非固定资产货物和服务价值的差额，即所有常住单位的增加值之和；从收入形态看，它是所有常住单位在一定时期内创造并分配给常住单位和非常住单位的初次收入之和；从产品形态看，它是所有常住单位在一定时期内最终使用的货物和服务价值与货物和服务净出口价值之和。在实际核算中，国内生产总值有三种计算方法，即生产法、收入法和支出法。三种方法分别从不同的方面反映国内生产总值及其构成。

对于一个地区来说，称为地区生产总值或地区GDP。

2. 国民总收入（GNI）

国民生产总值指一个国家（或地区）所有常住单位在一定时期内收入初次分配的最终结果。一国常住单位从事生产活动所创造的增加值在初次分配中主要分配给该国的常住单位，但也有一部分以生产税及进口税（扣除生产和进口补贴）、劳动者报酬和财产收入等形式分配给非常住单位；同时，国外生产所创造的增加值也有一部分以生产税及进口税（扣除生产和进口补贴）、劳动者报酬和财产收入等形式分配给该国的常住单位，从而产生了国民总收入的概念。它等于国内生产总值加上来自国外的净要素收入。与国内生产总值不同，国民总收入是个收入概念，而国内生产总值是个生产概念。

国民总收入（GNI）计算公式：

$$GNI=GDP+国外要素净收入$$
$$=GDP+（国外要素收入-付给国外要素收入）$$

3. 国外净要素收入

国外净要素收入为国外本国居民同期创造价值与国内外国居民同期创造的价值之差，是指从国外得到的生产要素收入减去支付给国外的要素收入。

国外净要素收入是指一个国家（或地区）来自国外（地区外）的生产税及进口税（扣除生产和进口补贴）、劳动者报酬和财产收入，减去支付给国外（地区外）生产税及进口税（扣除生产和进口补贴）、劳动者报酬和财产收入的差额。国内生产总值加上来自国外的净要素收入等于国民生产总值。

4. 劳动者报酬

劳动者报酬是指劳动者因从事生产活动所获得的全部报酬。它包括劳动者获得的各种形式工资、奖金和津贴,既包括货币形式的,也包括实物形式的,它还包括劳动者所享受的公费医疗和医药卫生费、上下班交通补贴和单位支付的社会保险费等。单位支付的社会保险费,就是单位直接支付给负责社会保险的政府单位(一般指劳动部门)的社会保险金或为本单位职工离退休、发生死亡、伤残、医疗保险等而支付的保险费。对于个体经济来说,其所有者所获得的劳动报酬和经营利润不易区分,这两部分统一作为劳动者报酬处理。

5. 财产收入

财产收入指金融资产或有形非生产资产的所有权者将其借或租给其他单位而获得的收入,分为利息、红利率、土地租金的其他财产收入。

可见,国民生产总值与国内生产总值之间的区别就在于国外净要素收入。生产要素的提供者不一定都是本国居民,有时也有外国居民,本国居民也有向外国的经济活动提供要素的

6. "海外云南"

"海外云南"是云南省居民、企业、各级政府,以及跨国公司与非政府组织在中国境外以及与境外机构相关联的一系列经营活动行为,和经济和非经济产出成果的总称。

(二)"海外云南"发展战略主要特征

基于边境效应、交易成本、关系网络和制度结构等边境经济学理论构建的"海外云南"发展战略,其行为主体包括云南省居民、企业、地方政府,以及跨国公司与非政府组织等,客体是"海外云南"发展战略的愿景、战略目标、战略规划和实施策略的理论体系,具有国际性、民族性、隔离性、情感性等4个主要特征:

1. 国际性

在成本-效益分析前提下，根据中国政府与相关国家政府达成的协议或两国领导人达成的共识，云南省与相关国家地方政府或多国地方政府、跨国公司基于利益最大化或命运共同体原则而在边界两侧开展的国际性经济活动，具有跨国性质。

2. 民族性

"海外云南"发展战略是在云南边界两侧居民之间展开的，其经济活动的主体居民，拥有共同的祖先和相似的历史，或具有相同的血脉，或同属一个民族，甚至在现代民族国家形成之前生活在一个体制之内，经济活动具有民族性。

3. 隔离性

"海外云南"发展战略被中国与西南国家边界所隔离的、被国际边界条约所限制的，经济活动跨越主权国家边界，受到地缘政治和影响。

4. 情感性

"海外云南"发展战略并不完全遵循理性人和理性经济的活动规律，边界经济主体并不完全按照利益最大化的原则开展经济活动，这些活动受到人际关系网络、民族情感的制约。

（三）"海外云南"发展战略的主要内容

"海外云南"发展战略设计思路，基于边境经济增长的根本原因是边境效应和交易成本存在，在成本-效益分析前提下，制定各种加快边境经济发展措施，实施"海外云南"发展战略。理论认为，为实现经济高质量发展，合适的国际制度结构建设、国际关系网络构建和边境经济增长模式选择，是"海外云南"发展战略设计的着力点。现有条件之下，在云南与周边国家的经济合作关系中，回应边境经济学理论，建设协调结构机制、合作结构机制和共生结构机制等国际经济治理机制，构建跨国社会关系网络，科学选择搭便车型、雁阵合作型和对称联盟型等边境经济增长模式，是规避边界屏蔽效应，发挥边界中介效应，促成边界综合效应的最佳道路。

"海外云南"发展战略的主要内容：

1. 战略愿景

"海外云南"发展战略愿景，就是"围绕'三个共同体'谱写中国梦的云南篇章"。习近平总书记殷切希望云南"主动服务和融入国家发展战略，闯出一条跨越式发展的路子来，努力成为我国民族团结进步示范区、生态文明建设排头兵、面向南亚东南亚辐射中心，谱写好中国梦的云南篇章"。这"三个共同体"就是"铸牢中华民族共同体意识""人与自然是生命共同体"和"构建人类命运共同体"。[①]

展望未来，云南愿与南亚东南亚国家坚守团结自强初心，秉持合作共赢精神，建设好和平、安宁、繁荣、美丽、友好的共同家园，向着更为紧密的中国—南亚东南亚命运共同体不断迈进。

2. 战略目标

"海外云南"发展战略总体目标。云南要牢牢把握推进"双循环"战略、实现"双碳"目标对云南产业结构优化的重要价值和难得契机，聚焦绿色发展，将习近平新时代中国特色社会主义思想这一中国化时代化理论创新成果始终贯彻到面向南亚东南亚辐射中心的建设中，构建云南高水平对外开放新格局。[②]

"海外云南"发展战略具体目标：

未来三年，实现地区生产总值或地区（GDP）翻一番，达到60000亿元；国民总收入（GNI）13000亿元，达到中等发达国家水平，利用"海外云南"发展战略再造一个云南。2024年，全省外贸进出口总额力争突破6000亿元，外贸依存度达15%以上，在全国占比达到1.5%左右，努力成为强大国内市场与南亚东南亚市场之间的战略纽带、"大循环、双循环"的重要支撑。

---

① 社论：《围绕"三个共同体"谱写中国梦的云南篇章》，《云南日报》2021年3月10日。
② 社论："构建云南高水平对外开放新格局"，《云南日报》2022年12月18日。

第一，推动云南深度融入成渝经济圈，构建双循环重要枢纽。位于中国西南腹地的国家级中心城市成都和重庆已成为西部发展的龙头。作为国内国际双循环的重要节点和重要枢纽，云南与成渝地区双城经济圈拥有良好的区位优势、合作基础和产业互动机制。云南省已经同9个国家搭建了12个多边双边合作机制，中越、中老、中缅国际大通道高速公路境内段全线贯通，与南亚东南亚通航城市数量居全国第一。外贸进出口总额从2012年的210.14亿美元增长至2021年的486.59亿美元。中老铁路通车一年，已成为促进区域经济高质量发展的重要保障，累计发送旅客超过750万人次、运载货物869万多吨。云南省在供应高质量产品的同时，需保障对外开放平台的不断更新建设。昆明作为云南省对外开放建设的枢纽核心，在取得巨大突破的同时，带动边境地区区域发展的功能不断凸显。

第二，推动高原特色农业融入国际循环，实现高附加值产品差异化发展。云南省农业发展得天独厚，其优越的高原种植条件，与东南亚邻国的热带农业可以产生巨大的差异互补。推动云南高原特色农产品融入国际循环，一是对接国际化种植标准，发挥地缘优势，实现农产品向东南亚国家的精准和高端出口。现阶段，云南对外出口多集中于基础初级农产品，无法进军高端市场。蒙自石榴虽实现了对越南出口，但仅限于平价商超及农贸市场的销售。云南省农产品的种植及出口要对标国际标准，提升产业品牌建设。二是完善物流和冷链运输体系，建成现代化仓储，为农产品进出口提供基础保障。如榴莲、释迦果、荔枝等东南亚诸国的热带农产品对储存、运输条件极为苛刻，只有在现代技术加持下才能实现大规模长途运输，达到降低物流成本，提升运输效率的目的。

第三，推动云南先进制造业融入国际循环，实现产业产品出境扎根。云南省拥有良好的第二产业基础，打造绿色能源、绿色食品和健康生活目的地"三张牌"，给云南产业发展注入新的动力。为了应对东南亚各国首都和发达城市对产品知名度的追求日益增长等问题，寻找突破口是首要任务。因此，云南发展工业经济的着力点应放在实体经济上，依托省内现有产业基础，通过彰显优势、搭建平台、集聚要素、营造环境，不断推动上下游企业加速集聚，打造核心竞争力强、根植性强的产业集群；推动产业要素集聚，充分发挥重大平台主引擎、主战场作用，高标准规划建设面向南亚东南亚的次中心城市和产业枢纽，为优质产业项目提供充足发展空间，有效提高云南经济发展的质量和效益。同时，还要进一步推进新型工业化，擦亮叫响"云南制造"品牌实现精良高端的总体目标。

第四，推动云南旅游业融入国际循环，实现跨境旅游可持续发展。云南省拥有丰富的自然和人文旅游资源，优越的自然气候条件，通过争创国家文化产业、旅游产业融合发展示范区建设促进了省内农业、工业、商业、教育、体育、交通、康养等和旅游融合发展。云南作为与东南亚3个国家接壤的边境省份，积极参与澜湄旅游城市合作联盟建设，加强与"一带一路"共建国家和国际旅游组织的交流合作，通过办好中国国际旅游交易会、中国—南亚博览会等，进一步提升文化和旅游对外吸引力、影响力；但作为对外开放优势的跨境旅游由于政策、机制、疫情等多方面原因，未能得到深度发展。例如曼谷—胡志明市—河内—老街沙巴路线是欧美国家游客踏入东南亚的首选路线，同时越南为欧美游客提供徒步、骑行（自行车、摩托车）等多样化定制服务，该路线在世界旅游市场享有很高声誉，但此路线因游客出入境等问题常止步于中越边界。发展跨境旅游要充分发挥云南的区位优势，带动沿线旅游资源及线路产品开发，实现国内国际一体化发展。

第五，推动绿色金融高质量发展，推进"双循环"战略，实现"双碳"目标。一要持续健全云南的绿色金融标准体系建设，为绿色金融规范发展提供准确依据；二要创新绿色金融产品服务，培育壮大绿色金融市场，以多元化的绿色金融产品和服务满足市场主体多样化需求，丰富绿色金融市场供给；三要积极争取成为国家绿色金融区域试点，为探索中国特色绿色金融发展之路贡献"云南智慧"；四要不断探索绿色金融国际交流与合作，发挥云南毗邻南亚东南亚优势，可主动承担国家绿色债券市场互联互通试点，实现便利绿色跨境投融资。

第六，推动高素质外向型人才培养，支撑高水平对外开放战略。近年来，云南在面向南亚东南亚国家青年人才培养方面发挥着积极影响。双边贸易发展、产业融合、农产品种植、跨境物流等行业的大力推进，都离不开各类人才的支撑。首先，云南高校应大力开展面向南亚东南亚国家的留学生培养，打造"留学中国、学在云南"品牌建设；其次，拓宽职业教育合作渠道，培养应用型高水平人才；再者，搭建面向南亚东南亚的教育交流平台，推进与区域国家间的互联互通互鉴，为云南与周边国家的合作共赢提供智力支持，促进中国与南亚东南亚、环印度洋地区国家在教育、科研、文化、经贸和产业领域的合作。[1]

3. 实施策略

"海外云南"发展战略实施策略：

第一，维护边境的和平与稳定，充分发挥云南边境区位优势，激发跨境民族积极性，促进边界效应由"屏蔽效应"向"中介效应"转变。

云南与缅甸、老挝和越南3国接壤，边境线长4060公里，与泰国、柬埔寨、印度、孟加拉国毗邻，是我国毗邻国家较多、国境线较长的省份之一。云南与接壤国国境线长、口岸通道多且田畴相连，更有数以百计的民间通道，一些地区形成特殊的"一境连三国""一寨两国""一家两国"的地域特征。云南共有8个边境州（市）、25个边境县（市），边境县常住人口670多万人，16个少数民族跨境而居，少数民族人口占比达79.4%。[2]在云南边境地区居住着16个跨境少数民族，与境外的30多个民族是同族或同源民族，在语言、文字、服饰、建筑、风俗习惯、宗教节庆存在着较高的相通性，且历史以来交往不断，即使在国家关系变动时期，下层边民的交往仍持续不断。

党的十八大以来，习近平总书记从维护国家安全和实现中华民族伟大复兴的战略高度出发，提出了"治国必治边"的战略思想，对强边固防、兴边富

---

[1] 社论：《构建云南高水平对外开放新格局》，《云南日报》2022年12月18日。
[2] 《我省边境民族地区深入实施兴边富民行动——携手共建美丽富饶幸福新边疆》，《云南日报》，2021-08-24 09:50:34，https://www.yn.gov.cn/ztgg/jjdytpgjz/xwjj/202108/t20210824_226819.html。

民稳边固边作出一系列重要指示批示。云南地处祖国西南边陲，强边固防，确保边境安全、国家安全，就是"国之大者"。充分发挥云南边境区位优势，激发跨境民族积极性，促进边界效应由"屏蔽效应"向"中介效应"转变，就是"海外云南"发展战略的策略之一，表现就是兴边富民政策效果显著。

云南沿边8个州市有2个国家重点开发开放试验区、2个中国（云南）自由贸易试验区片区、6个边境经济合作区、19个陆路口岸，边境地缘优势非常明显。边境地区面向南亚东南亚开放具有较强的显性比较优势，国际市场分割相对不明显，沿边州市外贸依存度达15%，高于全省5个百分点。边境地区成为全省全方位开放战略的重要突破口，开放合作潜力巨大。

2020年，沿边8个州（市）实现地区生产总值7812.4亿元，比2015年增加3413亿元，年均增长8.7%，分别比全国、全省高出2.9、0.8个百分点；人均地区生产总值达42763元，年均增长8.3%。边境25个县（市）实现地区生产总值2733.1亿元，年均增长9.2%，分别比全国、全省高3.4、1.4个百分点；人均生产总值达到40394元，年均增长8.6%。2020年，沿边8个州（市）外贸进出口总额达到178亿美元，比2015年增加88.5亿美元，年均增长14.7%，占全省外贸进出口总额的45.8%，稳边安边兴边效益逐步凸显。①

下步，云南继续用好国家政策，不断激发跨境民族积极性，促进边境经济高速发展，大力推进边境地区新型城镇化和乡村振兴形成双轮驱动，全面提升地区人口密度和经济密度。通过兴边富民行动，实施好一系列重大工程、落实好一揽子支持政策，以边境地区特色城镇和现代化边境小康村建设为抓手，以特色优势产业为支撑，促进产城融合，推进绿色发展，促进城镇与乡村协同发展，积极培育新增长极，吸引和聚集人口在边境地区生产生活，形成城乡双轮驱动格局，有效提升经济集聚效应，全面提升边境地区密度。

第二，注重改善基础设施，深化国际次区域合作，降低交易成本，促进边

---

① 《我省边境民族地区深入实施兴边富民行动——携手共建美丽富饶幸福新边疆》，《云南日报》，2021-08-24 09:50:34，https://www.yn.gov.cn/ztgg/jjdytpgjz/xwjj/202108/t20210824_226819.html。

境经济增长。

改善边境地区交通和信息基础设施，能大幅缩短与国内发达地区（城市）和相关地区国际城市时空距离。加快推进西部陆海新通道建设，加快构建云南周边省区及内陆腹地经边境延伸至南亚东南亚的综合运输通道，形成边境地区内畅外通、运行高效的综合交通网。加快边境地区发展大宗货物中转物流、国际配送、跨境电商等现代物流服务业，建设跨境商品深加工及储运基地，减少货物转运、提升货物通关效率，打造面向南亚东南亚的国际物流新体系。加快边境地区布局5G网络新一代信息基础设施，推进智慧口岸、边境智慧城市、智慧安防建设，积极探索数字经济发展新模式。

同时，深化边境地区国际次区域合作，在统筹发展和安全中积极谋划后疫情时代高水平对外开放，抓住《区域全面经济伙伴关系协定》（RCEP）重大历史机遇并应对挑战，全面服务"一带一路"建设和长江经济带建设，积极融入全国构建新发展格局，在更大范围内促进资源和要素流动，扩大边境地区对外开放和加强对内合作。加快边境地区营商环境综合建设，积极推进贸易创新发展，提升贸易便利化水平，完善边境贸易政策，构建开发开放试验区、自由贸易试验区、边（跨）境经济合作区、边民互市区等优势互补的开放平台，提升口岸综合服务功能和客货通行能力，完善边境地区与周边国家、重点城市在投资贸易、文化科技、公共卫生、基础设施、生态环境等方面合作机制，进一步减少边境地区面向南亚东南亚地区的国际市场分割，让边境地区逐步向区域经济一体化方向迈进。

"十三五"期间，云南沿边8个州（市）综合交通累计完成投资4111.65亿元，实现了州（市）政府所在地高速公路全覆盖，25个县（市）通高等级公路，16个县通高速公路，高速公路总里程达3864公里，是2015年的2.5倍；边境州（市）新建铁路里程1573.2公里，大理至临沧铁路建成通车，文山、红河进入"高铁时代"，中越、中老、中缅三条国际通道境内段全面建成通车；边境地区"四好农村路"建设加快推进，374个抵边行政村100%通硬化路，50%的自然村通硬化路；沧源佤山机场、澜沧景迈机场等建成通航，沿边8个州（市）通航运营机场达9个，共开通93条国际和地区航线，基本实现南亚东南亚国家首都和重点旅游城市全覆盖；25个县（市）续建、新建重点水源工程110件，累计完成投资134.4亿元，澜沧江—湄公河航运实现集装箱运输零的突破；中缅油气管道建成运行，陆续建成瑞丽、磨憨等13条跨境陆地光缆，实现与南亚、东南亚国家骨干网连通，国际网络传输带宽显著提升。①

第三，提升边境国家经济协调机制，强化边境国家经济合作机制，加强边境区域经济治理机制，以制度结构保障边境经济增长。

云南与南亚东南亚国家积极共建国家、国际组织积极构建多层次政策沟通交流机制，在发展战略规划、技术经济政策、管理规则和标准等方面发挥政策协同效应，共同制订推进区域合作的规划和措施，为深化务实合作注入了"润滑剂"和"催化剂"。至今已经形成多国发展战略对接，目前中国已经有150多个国家与我国实施双边发展战略对接。在东南亚，"一带一路"与老挝的"变陆锁国为陆联国"战略、印度尼西亚的"全球海洋支点"、菲律宾的"多建好建"计划、越南的"两廊一圈"对接合作。在西亚，"一带一路"与沙特阿拉伯的"2030愿景"、阿联酋的"面向未来50年国家发展战略"、土耳其的"中间走廊"计划实现对接合作。在南亚，中巴经济走廊连接海上丝绸之路与陆上丝绸之路。

云南积极主动参与中国—中南半岛经济走廊、孟中印缅经济走廊建设以及中国—东盟自由贸易区升级版、澜沧江—湄公河次区域合作。加强与周边国家高层互访、经贸往来、民间交流，密切与周边华人华侨联系，厚植社会和民意基础，深化利益融合，推动在互联互通、投资贸易、产业发展、能源资源和人文交流与合作等领域取得新突破。拓展与欧美等发达经济体经济技术合作，着力引进资金、品牌、技术、人才和先进管理模式。扩大与印度、俄罗斯、巴西、南非等新兴市场国家的交流与合作，加强友好往来、宣传推介、市场推广

---

① 《我省边境民族地区深入实施兴边富民行动——携手共建美丽富饶幸福新边疆》，《云南日报》，2021-08-24 09:50:34，https://www.yn.gov.cn/ztgg/jjdytpgjz/xwjj/202108/t20210824_226819.html。

和咨询服务，扩大贸易往来，推进产能与装备制造合作，推动形成对外贸易新增长点。①

第四，因地制宜发展国际关系网络，一国一策优化国际关系网络，以关系网络凝聚边境经济增长动力。

云南的国际关系网络首先来源于千年来历史上形成的跨境民族关系，他们同根同源、命运相连。云南跨境民族分为藏缅语族、壮侗语族、孟-高棉语族和苗瑶语族。除了苗族、瑶族迁入较晚外，三大族系都是有数千年历史的土著民族。三大族系在分化、组合、再分化、再组合的过程中，彼此间还有吸收、同化、融合的主动与被动关系，形成各民族"你中有我，我中有你"的整体格局。总体上，云南在东南亚的国际关系网络主要包括：

一是使用孟高棉语的民族。孟高棉语是南亚语系的一个语族，使用这种语言的民族主要分布在今天中国的云南和东南亚的中南半岛地区。在这个民族群体中。跨居在今天中国西南边疆与东南亚国家之间的民族主要有：佤族、德昂族（国外称帕朗族或崩龙族）、布朗族、三陶人、克木人、莽人（2009年3月，中国已经把莽人正式划为布朗族）。

二是藏缅语的民族。藏缅语是属于汉藏语系的一个语族，使用这种语言的民族主要分布在今天中国的西南和东南亚的中南半岛地区，特别是中南半岛偏西一带。在这个民族群体中，跨居在今天中国西南边疆与东南亚国家之间的民族主要有：景颇族（国外叫克钦族）、独龙族、彝族（国外叫倮倮）、哈尼族、阿卡人、嘎都人、戈族、巴那人、西拉人、拉祜族、傈僳族、阿昌族、怒族等。

三是壮侗语的民族。我国的壮侗语民族，国外通称为泰语民族或者泰—卡岱语民族。国外学者通常说的泰语民族是一个人口众多、分布相当广泛的群体，它不仅包括今天泰国的泰族、缅甸的掸族、老挝的老族和越南的泰族以及这些民族的众多支系，而且还包括了今天中国的傣族，甚至有一些学者在使用这个词时还包括了中国的壮族、侗族、黎族、水族等几乎所有侗泰语的民族。

---

① 云南省人民政府：《云南省建设我国面向南亚东南亚辐射中心规划（2016—2020年）》

在这个群体中,跨居在今天中国西南边疆和东南亚国家之间的民族主要有:壮族、布依族、仡佬族、傣族等。

四是移居东南亚的云南人。虽然随着历史的推移,移居缅甸和泰国等东南亚国家的云南人,其社会文化也逐渐发生了一些变化。但是,福布斯1976年至1980年期间在缅甸对缅甸的云南回族的情况进行考察后谈到:他们依然"怀念着'旧日'的美好时光及从前与故乡云南的密切关系"。[①]根据有关资料,目前仅分布在缅甸北掸邦、克钦邦和泰国北部清迈府、清莱府等一带的祖籍云南的华人华侨及其后裔,便合计达数10万人,故入境探亲访友的人数相当可观。如在号称"西南边境第一城"的云南保山腾冲市,据公安部门统计,在该市90年代后期以来年均15万人次的出入境人员中,探亲访友者约占8%即112万人次。以此可推断,往来于整个广西和云南边境地区的跨国界探亲访友人员,总人数每年可达20万人次以上。[②]

云南在东南亚的国际关系网络质量很高,主要体现在三个认同:

一是国家认同。正如西双版纳的傣泐人也称自己是中国人一样,老挝和泰国的傣泐人也称他们是老挝人或泰国人。但是,另一方面,居住在境外的这些傣泐人,不论是近代被殖民者从西双版纳划分出去的还是历史上不同时期移居过去的,又一直对他们的故土西双版纳和傣泐人的身份保持着一种认同。[③]老挝北部的傣泐人的名称有很多,老挝南塔地区的泰丹人和朗勃拉邦南巴地区的老族人称呼当地的傣泐人为"嘎龙"(Kalom)或"泐嘎龙"(Lue Kalom),乌东赛省的一些老族人又称当地的傣泐人为"老泐"(Lao Lue)此外,这些傣泐人还有一些其他的名字。但是,丰沙里省的 Muang Ou Neua、Ou Tay 和 Muang

---

① Andrew D.W. Forbes, *Panthay: the Yunnanese Chinese in Burma*, Journal of the Institute of Muslim Minority Affairs, 7, 1986.

② 何平:《中国西南与东南亚跨境民族的形成及其族群认同》,《广西民族研究》2009年第3期(总第97期)。

③ 何平:《中国西南与东南亚跨境民族的形成及其族群认同》,《广西民族研究》2009年第3期(总第97期)。

Boun Neua 的傣泐人更喜欢人们称呼他们为"西双版纳傣泐人",勐新的傣泐人则愿意人们称呼他们为"景洪傣泐人"①。还有一位美国学者保罗对居住在泰国北部难府的傣泐人村寨进行了调查研究后也说,当地有好几个傣泐人的寨子,这些傣泐人的祖先都是从西双版纳的勐腊地区迁徙过去的。②

二是民族认同。云南境内景颇族传说景颇的祖先来自"木札省腊崩"(景颇语,意为:平顶山)。缅甸境内的克钦族也有类似的传说,称克钦人的发源地名叫"玛壮信克亚蓬", 与云南境内的景颇族语"majoi shingrobum"音译基本相同,意义相近。至于佤族,云南佤族和缅甸的佤族都有类似的关于祖先源于巴格岱附近的"司岗里"的创世神话。这些族源传说,尽管从民族史学的角度来看其真实性有待考证,但从跨境民族自身角度来看,无疑体现出跨境民族中共通的民族性:"他们有着共同的起源,共同的传统文化和民族心理,虽然分居不同国家会受到异文化及生存环境的影响,在共性之中会产生出某些方面的个性,但其传统文化的本质和基础仍会保留着较多历史上就共有的东西"。③

三是文化认同。由于历史、地理的紧密联系,以及民族文化的共源性,使得云南跨境民族与境外民族有相互认同的历史渊源、保存着大致相同的风俗习惯、有着基本或部分相通的语言。在经济文化,以及因地缘、姻缘、亲缘等形成的社会交往方面都有着密切的联系。由于大多数分布在中国西南与东南亚国家之间的跨境民族仍然认为他们是同一个民族,因此,他们之间不但交往极为密切,而且互相嫁娶的跨国婚姻现象也较为普遍。以云南省普洱市江城县为例,该县与老挝,越南均有接壤,并有"一县三国"的美誉。江城县自2011年到2017年,跨境婚姻的人数总体呈上升趋势,2017年的人数是2013年的3倍,

---

① 何平:《中国西南与东南亚跨境民族的形成及其族群认同》,《广西民族研究》2009年第3期(总第97期)。

② Grant Evens, *Laos: Culture and Society*, Silkworm Books, Thailand, 1999, p115.

③ 赵廷光:《云南跨境民族研究》,云南民族出版社,1998。

从165人增长到611人。[①]

上述国际关系优势，在中国所有省份里，云南是绝无仅有的。因此，必须因地制宜发展国际关系网络，边境2个州市，各有优势，各有特色。其次，面对各州市在东南亚国家国际关系特点，宜"一国一策"，优化国际关系网络，以关系网络凝聚边境经济增长动力。

三、理论应用："海外云南"发展战略的国际制度结构、经济发展战略、经济增长模式

根据边境经济学理论，"海外云南"发展战略实践，在于利用云南优势的周边跨国社会关系网络，提高边界综合效应，降低边界交易成本，通过制度创新，加快建设共生结构机制，实现边境经济高质量发展。

（一）通过制度创新，加快建设共生型国际制度结构

近年来，云南主动服务和融入国家发展战略，与南亚、东南亚国家建立了11个多双边合作机制，与南亚、东南亚国家通航城市数量居全国首位，与37个国家建立了106对友城关系，形成了自由贸易试验区、跨境经济合作区、综合保税区、边境经济合作区、各类口岸，以及南博会等多个平台支撑的沿边对外开放的矩阵体系。这些国际经济合作机制，典型的包括：

1. 孟中印缅经济走廊

孟中印缅经济走廊是在多国共建"一带一路"的主体框架下的国际经济合作六大经济走廊之一。2013年5月，中印共同倡议建设孟中印缅经济走廊。孟中印缅经济走廊连接东亚、南亚、东南亚三大次区域，沟通太平洋、印度洋两大海域。

[①] 郁春媛：《在场与悬置：跨境婚姻实践逻辑与现实困境》，《民族学刊》2020年5月总第61期。

2013年5月，李克强访印期间，中印共同倡议建设孟中印缅经济走廊，推动中印两个大市场更紧密连接。中印联合声明特别提出，两国共同倡议建设中印缅孟经济走廊，并将成立联合工作组，加强该地区互联互通。2013年12月，孟中印缅经济走廊联合工作组第一次会议在中国昆明召开，各方签署了会议纪要和联合研究计划，正式启动孟中印缅经济走廊建设政府间合作。2014年9月18日，习近平主席在访问印度期间，中印发表《中印联合声明》，两国共同倡议建设中印缅孟经济走廊，并将成立联合工作组，加强该地区互联互通。2014年12月召开孟中印缅经济走廊联合工作组第二次会议，广泛讨论并展望了孟中印缅经济走廊建设的前景、优先次序和发展方向。2015年5月15日上午，时任国务院总理李克强在京同印度总理莫迪会谈时表示，要加紧推进孟中印缅经济走廊建设，推动区域经济发展。做好铁路、产业园区等重点领域务实合作，打造旗舰项目，推动双边贸易动态平衡。2020年6月16日，中联部当代世界研究中心（"一带一路"智库合作联盟秘书处）与中国（昆明）南亚东南亚研究院（"一带一路"智库合作联盟孟中印缅经济走廊分网络牵头单位）共同举办云端专题论坛。会议期间，"一带一路"智库合作联盟孟中印缅经济走廊国际智库合作网络发布了《孟中印缅经济走廊智库合作机构关于共同推进新冠肺炎疫情防控国际合作与孟中印缅经济走廊高质量发展的倡议》。

"一带一路"建设是一项系统工程，要坚持共商、共建、共享原则，积极推进沿线国家发展战略的相互对接。2015年3月28日，国家发展和改革委员会、外交部、商务部联合发布了《推动共建丝绸之路经济带和21世纪海上丝绸之路的愿景与行动》。其中在"框架思路"中提出，根据"一带一路"走向，陆上依托国际大通道，以沿线中心城市为支撑，以重点经贸产业园区为合作平台，共同打造新亚欧大陆桥、中蒙俄、中国—中亚—西亚、中国—中南半岛等国际经济合作走廊；海上以重点港口为节点，共同建设通畅安全高效的运输大通道。中巴、孟中印缅两个经济走廊与推进"一带一路"建设关联紧密，要进一步推动合作，取得更大进展。

一是合作机制。昆明会议。2013年12月18—19日，孟中印缅经济走廊联合工作组第一次会议在昆明召开。四国政府高官和有关国际组织代表出席。会议梳理了地区合作论坛达成的共识，借鉴了国际机制经验，在经济走廊发展前景、优先合作领域和机制建设等方面进行了友好深入的交流，在交通基础设施建设、投资和商贸流通、人文交流等方面形成了多方面的共识。会议就经济走廊发展前景、优先合作领域和机制建设等进行了深入讨论，就交通基础设施、投资和商贸流通、人文交流等具体领域合作达成广泛共识。各方签署了会议纪要和孟中印缅经济走廊联合研究计划，正式建立了四国政府推进孟中印缅合作的机制。

二是主要作用。中印缅孟经济走廊辐射作用将带动南亚、东南亚、东亚三大经济板块联合发展。中国西南、印度东部、缅甸、孟加拉国相对而言均不发达，此前邦省级别的合作动力有限。而将打造"经济走廊"上升至国家层面，能够通过四国延伸带动亚洲经济最重要三块区域的联动发展。

三是建设成果。2023年4月，由中国进出口银行融资支持的孟加拉国帕德玛大桥铁路连接线项目先通段（首都达卡—马瓦段）顺利完成列车试运行，标志着中国企业在孟实施规模和金额最大的铁路项目取得突破性进展，这也是孟历史上首次实现火车驶过帕德玛河。将极大地促进区域互联互通，对于落实共建"一带一路"倡议、建设孟中印缅经济走廊具有重要意义。

设施联通是共建"一带一路"的优先领域，经济走廊和国际通道建设卓有成效。共建国家共同推进国际骨干通道建设，打造连接亚洲各次区域以及亚欧非之间的基础设施网络。孟中印缅经济走廊方向，中缅原油和天然气管道建成投产，中缅铁路木姐—曼德勒铁路完成可行性研究，曼德勒—皎漂铁路启动可行性研究，中孟友谊大桥、多哈扎里至科克斯巴扎尔铁路等项目建设取得积极进展。

孟中印缅经济走廊从我国云南到缅甸再到孟加拉国，最终到达印度。它将我国的珠三角经济圈和印度经济链接起来，将对推动沿线各国发展带来巨大动力。

2. 中国—中南半岛经济走廊

中国—中南半岛经济走廊（CICPEC）是2010年启动的经济走廊，以前称为"南宁—新加坡经济走廊"，后来被纳入"一带一路"倡议。

经济走廊以现代化的公路、铁路和管道，连接中国华南地区到东南亚各主要城市，包括越南河内、老挝万象、柬埔寨金边、泰国曼谷、马来西亚吉隆坡和新加坡。该走廊旨在更好地连接周边经济体，并鼓励东盟—中国自由贸易区的发展。

2016年5月26日，第九届泛北部湾经济合作论坛暨中国—中南半岛经济走廊发展论坛发布《共建中国—中南半岛经济走廊倡议书》。具体内容包括：一、加强沟通衔接，凝聚合作共识。积极加强区域内中央及地方政府间合作，在发挥现有多边和双边合作机制作用的基础上，共同办好中国—中南半岛经济走廊发展论坛，搭建沟通协作新平台。积极推进发展战略、规划和政策对接，深化务实合作，回应各方共同关切，协商解决中国—中南半岛经济走廊建设中存在的问题。二、推动互联互通，畅通合作通道。共同加快以泛亚铁路、高等级公路、海上航运、航空线路、网络信息并举的骨干基础设施通道建设，优先推进关键节点项目建设，加强基础设施建设规划和技术标准体系的交流对接，逐步形成畅通便捷、快速高效的中国—中南半岛国际大通道。三、推动便利化，扩大投资贸易往来。共同推动投资贸易和人员往来便利化，推进"两国一检"等海关合作，以及检验检疫、认证认可、标准计量、统计信息等方面的双多边合作，促进要素资源充分有序流动。充分发挥沿边重点开发开放试验区、跨境经济合作区平台作用。依托广西、云南沿边金融综合改革试验区建设，稳步推进跨境金融合作，促进投资便利化。四、密切人文往来，夯实民意基础。中国与中南半岛各国地缘相近、人缘相亲、血缘相近、文缘相连。各方愿秉持"一带一路"友好合作精神，进一步发挥"南宁渠道"作用，建立完善中国—中南半岛节点城市合作机制，广泛开展文化、学术、人才、媒体、减贫、青年和妇女等多领域交流合作，打造民意基础坚实的中国—中南半岛国际经济合作走廊。①

第一步是南凭高速铁路，这是中国南方广西的一条铁路，将形成走廊的北端。另外已规划一条全长5000公里的南宁至新加坡铁路。

中国与老挝、柬埔寨等国签署共建"一带一路"合作备忘录，启动编制双边合作规划纲要。推进中越陆上基础设施合作，启动澜沧江—湄公河航道二期整治工程前期工作，开工建设中老铁路，启动中泰铁路，促进基础设施互联互通。设立中老磨憨—磨丁经济合作区，探索边境经济融合发展的新模式。

设施联通是共建"一带一路"的优先领域，六大经济走廊和国际通道建设卓有成效。重大项目包括：

一是雅万高铁建设项目。雅万高铁一期工程全长142公里，项目投资额51.35亿美元，连接印尼首都雅加达和第四大城市万隆，最高设计时速350公里，计划3年建成通车。2016年3月16日，印尼交通部与中印尼合资公司签署项目特许经营协议，根据协议中印尼高铁合资公司获得的雅万高铁特许经营权将从2019年5月31日开始，为期50年。3月24日由中印尼企业联合体承建的印尼雅加达至万隆高铁项目5公里先导段实现全面开工。2016年8月，雅万高铁正式获得全线建设许可证。

中国和印尼全面合作的印尼雅加达至万隆高铁作为印尼和东南亚地区的首条高铁，是中国高速铁路从技术标准、勘察设计、工程施工、装备制造、物资供应，到运营管理、人才培训、沿线综合开发等全方位整体走出去的第一单，是国际上首个由政府搭台，两国企业对企业进行合作建设、管理、运营的高铁项目，是对接中国提出的建设"21世纪海上丝绸之路"倡议和印尼"全球海洋支点"构想的重大成果，创造了中印尼务实合作的新纪录，树立了两国基础设施和产能领域合作的新标杆。

二是中老铁路建设项目。中老铁路项目北起中国老挝边境磨憨/磨丁，南

---

① 中国一带一路网：《共建中国—中南半岛经济走廊倡议书》，https://www.yidaiyilu.gov.cn/p/10456.html。

至老挝首都万象市，途经老挝孟塞、琅勃拉邦、万荣等主要城市，全长418公里，其中60%以上为桥梁和隧道。建设标准为国铁Ⅰ级、单线设计、电力牵引、客货混运，时速160公里/时。中老铁路项目总投资约374亿元人民币，建设期5年。按照协议，中老双方按70%:30%的股比合资进行建设。

2015年11月，中老两国政府正式签署《关于铁路基础设施合作开发和中老铁路项目的协定》，标志中老铁路项目正式落地生效。2015年12月，中老铁路在老挝首都万象举行了奠基仪式。但由于资金、环境、沿线开发、偿还方式等多种因素，中老铁路一直未能如期建设。2016年9月，李克强在访问老挝时与老挝政府总理通伦发布了《中老联合公报》，最终落实中老铁路的修建问题。2016年12月25日，中老铁路项目全线开工仪式在老挝琅勃拉邦举行，预计中老铁路将于2020年建成通车。

中老铁路是泛亚铁路中通道的重要组成部分，对构建印度洋出口新通道，加强中国与老挝、泰国的经贸合作，促进中国与东盟自由贸易区建设，发挥中国铁路整体输出的示范作用，带动沿线地区经济社会发展具有十分重要的意义。中老铁路项目也是老挝21世纪的重大政治事件，承载着老挝从内陆"陆锁国"到"陆联国"的转变之梦，将极大地带动当地的经济社会发展。老挝国家"八五"规划将中老铁路项目列为国家1号重点项目。

三是磨憨—磨丁跨境经济合作区。2013年10月15日，在中国云南—老挝北部合作特别会议暨工作组第六次会议上，云南省人民政府正式与老挝中央特区管理委员会签署《中国磨憨—老挝磨丁跨境经济合作区框架协议》。2014年6月6日第二届南博会期间，中老两国签署《关于建设磨憨—磨丁经济合作区的谅解备忘录》（鉴于老方对跨境两字有顾虑，双方文本未使用），标志着磨憨—磨丁经济合作区正式纳入中老两国国家层面项目开启推动。2016年11月28日至12月1日老挝政府总理通伦·西苏访华期间，中老两国签署了《中国老挝磨憨—磨丁经济合作区共同发展总体规划（纲要）》。

"经合区"占地21.23平方公里。2016年7月，连接中国磨憨口岸与老挝磨丁口岸的货运专用通道正式开工建设，标志着中老跨境经济合作区建设又跨出了实质性的一步。货运通道分为国内段和老挝段，国内段长800米，老挝段长1654.461米，总投资近5000万元，预计工期为4个月。其中老挝段先启动建设489.52米的一段，概算总投资为1300万元，由中国云南省人民政府援建。

中国—中南半岛经济走廊是"21世纪海上丝绸之路"与"丝绸之路经济带"有机衔接的重要东南门户。该经济走廊涉及广东、广西和云南等若干省区，一方面，广西要推动加入融入珠三角经济圈，加强与云南、贵州、广东、海南的协调合作，增强自身带动中国—中南半岛经济走廊的能力；另一方面也要以中国—东盟博览会为平台，加强广西各城市比如南宁、钦州、防城港与越南、老挝、柬埔寨、泰国、马来西亚、新加坡等沿线国家城市的合作网络建设，推动区域经济合作进程。下一步，如果在通关便利化、合作机制制度化、政策沟通多层化等方面加快推进，这一经济走廊必将对沿线国家和地区共同发展产生巨大带动效应，具有重大战略意义。

3. 中缅经济走廊

中缅经济走廊（CMEC）是一系列支持中国和缅甸之间互联互通的基础设施项目的"一带一路"经济走廊。

2017年11月19日，时任中国外交部部长王毅在内比都与缅甸时任国务资政兼外交部部长昂山素季共同会见记者时表示，中方提议建设"人字型"中缅经济走廊，打造三端支撑、三足鼎立的大合作格局。王毅表示，中方视缅方为共建"一带一路"的重要伙伴，两国优势互补明显，合作潜力巨大。为巩固中缅全面战略合作伙伴关系、深化务实合作，中方愿根据缅国家发展规划和实际需要，与缅方共同探讨建设北起中国云南，经中缅边境南下至曼德勒，然后再分别向东西延伸到仰光新城和皎漂经济特区的"人字型"中缅经济走廊，形成三端支撑、三足鼎立的大合作格局。这将有助于沿线重大项目相互联接，相互促进，形成集成效应，也有助于推进缅甸各地实现更加均衡的发展。[①]

[①] 王毅：《中方提出建设中缅经济走廊设想》，https://www.mfa.gov.cn/wjbz_673089/zyhd_673091/201711/t20171120_7577954.shtml。

中缅经济走廊（CMEC）基础设施发展规划包括建设从中国云南省经木姐到曼德勒前往海港城市、皎漂若开邦交通路线、中缅油气管道、瑞丽—木姐—曼德勒铁路。

2018年10月，中缅签署了木姐—曼德勒铁路项目可行性研究备忘录，相关工作已陆续开展；11月签署的皎漂深水港项目框架协议，标志着双方合作进入新的阶段，该项目对改善地区互联互通、促进当地经济增长和增进中缅友好关系将发挥重要作用。

云南是中缅经济走廊的重要参与者，目前云南省正积极配合有关方面制定走廊总体规划和专项规划，不断加强交通等基础设施建设。中缅铁路昆明至大理段已开通运营，大理至瑞丽段正加快建设；昆明开通了与仰光、内比都、曼德勒的航线，芒市与曼德勒的航线已于上月开通；中缅油气管道投运良好，边境地区与缅方实现电力联网，电信运营网络成功对接。

中国西部重要城市参与了中缅经济走廊（CMEC）建设，陆海新通道首次开辟直通印度洋新线路。2022年4月2日，陆海新通道中缅印国际联运班列（重庆—仰光—印度洋）在重庆铁路集装箱中心站首发。西部陆海新通道是由中国西部省份与东盟国家合作打造的国际陆海贸易新通道，以重庆为运营中心，各西部省区市为关键节点，利用铁路、海运、公路等运输方式，向南经广西、云南等沿海沿边口岸通达世界各地，比经东部地区出海所需时间大幅缩短。截至2021年底，陆海新通道目的地已拓展至全球107个国家（地区）的315个港口。2021年，以重庆为始发站的铁海联运班列、跨境公路班车、国际铁路联运班列运量同比分别增长60%、17%和30%。

4.澜沧江—湄公河合作

澜沧江—湄公河合作（以下简称"澜湄合作"）是中国与柬埔寨、老挝、缅甸、泰国、越南共同发起和建设的新型次区域合作机制，旨在深化澜湄六国睦邻友好和务实合作，促进沿岸各国经济社会发展，打造澜湄流域经济发展带，建设澜湄国家命运共同体，助力东盟共同体建设和地区一体化进程，为推进南南合作和落实联合国2030年可持续发展议程作出贡献，共同维护和促进地区持续和平与发展繁荣。

澜沧江—湄公河合作背景：

2012年，澜沧江—湄公河流域泰国提出加强澜湄次区域合作的设想，中国给予积极回应。2014年11月第17次中国—东盟领导人会议上，时任国务院总理李克强提出建立"澜沧江—湄公河对话合作机制"的倡议。至2016年3月，相关国家创建了机制框架，通过了合作概念文件，确定了政治安全、经济和可持续发展、社会人文三大支柱，以及互联互通、产能、跨境经济、水资源、农业和减贫五个优先合作方向，研究提出近百个早期收获项目，为全面长期合作奠定了坚实基础。2017年3月10日，澜沧江—湄公河合作中国秘书处在北京成立，是中国参与澜湄合作的协调机构。澜湄合作中国秘书处设在外交部，主要承担规划、协调、落实和宣传等四项职能，即规划机制建设和务实合作；协调联络中国相关部门、地方政府和湄公河国家推进合作；审批管理澜湄合作专项基金，推动合作项目落实；同时做好舆论宣传，不断扩大机制影响。秘书处自成立以来积极发挥作用，推动和参与了澜湄合作框架下许多活动和项目。2017年6月12日，澜湄合作中国秘书处云南联络办公室在云南省外办成立。该联络办公室是澜湄六国成立的第一个地方协调机构，是云南省参与澜湄合作的协调机构。

澜沧江—湄公河合作基本内容：

2015年11月，《澜沧江—湄公河合作首次外长会联合新闻公报》，"决定在政治安全、经济和可持续发展、社会人文三大重点领域开展务实合作，共同打造更为紧密、互利合作的澜湄共同体"。基于澜湄合作三大支柱及五个优先合作领域确立了"3+5合作框架"，即坚持政治安全、经济和可持续发展、社会人文三大支柱协调发展，在互联互通、产能、跨境经济、水资源、农业和减贫五大优先领域开展合作。2016年3月，在海南三亚，时任国务院总理李克强说，"现阶段可根据各国国情，在互联互通、产能、跨境经济、水资源、农业和减贫五个优先方向探索合作，同时重点落实好'早期收获项目联合清单'确定的项目，一步一个脚印地推进合作"。加强各国发展战略对接。加速推进中老、中泰铁路,中缅陆水联运等大项目,探讨建立澜湄边境地区经济区和产业园区、投资区和交通网,不断完善澜湄地区的基础设施建设。加强在基础设施、工程机械、电力、建材、通信等领域的合作。中方愿设立100亿元人民币优惠贷款和100亿美元信贷额度,包括50亿美元优惠出口买方信贷和50亿美元产能合作专项贷款,用于支持澜湄地区基础设施建设和产能合作项目。中方还将推动亚洲基础设施投资银行、丝路基金等平台,积极支持澜湄地区基础设施等领域合作开发。中方愿在人民币国际化进程中,在金融领域同湄公河国家开展力度更大的合作。

未来,中国将进一步扩大与湄公河国家贸易和投资本币结算,完善跨境人民币清算安排,促进对湄公河国家货币区域挂牌或直接交易,提高澜湄次区域贸易规模和水平。中国还将设立澜湄合作专项基金,今后5年提供3亿美元支持六国提出的中小型合作项目。中方愿与湄公河国家共同设立澜湄水资源合作中心和环境合作中心,加强技术合作、人才和信息交流,促进绿色、协调、可持续发展。中方愿同湄公河国家加强跨境传染病联防联控,为五国培养更多公共卫生领域专业人才,开展为当地白内障患者实施免费复明手术的"光明行"计划。中国愿同湄公河国家在教育、科技、文化、旅游、青年等领域开展形式多样的人文交流,增进信任和友谊,加强人力资源培训合作,未来3年将提供1.8万人年政府奖学金和5000名来华培训名额,并愿探讨在湄公河国家设立职业教育培训中心。此外,中方建议设立澜湄流域综合执法安全合作中心,开展联合执法、人员培训等活动,为澜湄国家发展和人民幸福生活营造和平安宁的环境。

澜沧江—湄公河流域水资源合作机制:

澜沧江—湄公河合作搭建起领导人会议、外长会、高官会、工作组会四级会议机制。六国各自成立了澜湄合作国家秘书处(协调机构)。互联互通、产能、跨境经济、水资源、农业和减贫等六个联合工作组全部建立。水资源合作中心、环境合作中心和全球湄公河研究中心均已设立并开展工作,在政策对话、人员培训、项目合作、联合研究等方面提供有力支撑。

建立了与大湄公河次区域经济合作（GMS）、东盟—湄公河流域开发合作（AMBDC）和湄公河委员会（MRC）等现有次区域合作机制相互补充合作机制。根据2015年11月《澜沧江—湄公河合作首次外长会联合新闻公报》，"澜湄合作将秉持开放包容精神，与大湄公河次区域经济合作（GMS），协调发展，共同推进区域一体化进程"。特别是每两年举行一次领导人会议，共商合作大计，引领合作方向。每年举行一次外长会，不定期举行高官会和工作组会，落实和推进合作共识。如有特殊需要，也可在协商一致基础上召开领导人特别会议或特别外长会，逐步形成"领导人引领、全方位覆盖、各部门参与"的合作格局。

"3+5+X合作框架"。2016年3月首次领导人会议在海南三亚举行，与会六方一致同意共建澜湄国家命运共同体，确定了"3+5合作框架"，即坚持政治安全、经济和可持续发展、社会人文三大支柱协调发展，优先在互联互通、产能、跨境经济、水资源、农业和减贫领域开展合作。2018年1月第二次领导人会议在柬埔寨金边举行，六国领导人一致同意形成"3+5+X合作框架"，拓展海关、卫生、青年等领域合作。

澜沧江—湄公河流域水资源合成效：

2020年以来，在全球疫情和百年变局交织叠加的复杂背景下，澜湄六国齐心抗疫情，合力谋发展。澜湄国家政治安全合作稳步推进，经济和可持续发展不断深化，社会人文交流日益密切，为促进各国经济复苏和区域繁荣奠定坚实基础。2020年以来，澜湄国家认真落实澜湄合作第三次领导人会议、第五次外长会和第六次外长会共识，稳步实施《澜沧江—湄公河合作五年行动计划（2018—2022）》，聚焦"政治安全、经济和可持续发展、社会人文"三大支柱，围绕"互联互通、产能合作、跨境经济、水资源、农业和减贫"五大优先领域展开合作，均取得突出进展和丰硕成果，主要表现在以下方面：

一是政治安全领域紧密合作。澜湄六国高层往来密切，政治互信不断增强，共同引领和推动澜湄合作的发展。六国在历次高层会议上通过了《澜湄合作第五次外长会联合新闻公报》《澜沧江—湄公河合作第三次领导人会议万象宣言》，以及《关于澜湄合作与"国际陆海贸易新通道"对接合作的共同主席声明》《关于在澜沧江—湄公河合作框架下深化传统医药合作的联合声明》《关于加强澜沧江—湄公河国家可持续发展合作的联合声明》和《关于深化澜沧江—湄公河国家地方合作的倡议》等重要文件。澜湄国家领导人、政府和政党往来频繁，政治互信不断增强。在非传统安全合作方面，澜湄六国开展了广泛而深入的合作。

二是经济和可持续发展领域亮点纷呈。在贸易合作方面，澜湄六国实现了逆势增长。2020年，中国与湄公河五国贸易额达3229亿美元。其中，农产品贸易额达240亿美元，双双实现了约12%的同比增长。2021年，中国与湄公河国家贸易额继续稳步提升，达3980亿美元，同比增长23%。农产品贸易额约为282亿美元，同比增长18.6%。在投资合作方面，中国企业在湄公河地区的投资金额屡创新高，推动农业、纺织和电子产业园区等合作不断深化，成为中国与湄公河国家经贸关系的新支柱，开创了经济增长新局面。在可持续发展合作方面，六国积极实施《澜沧江—湄公河环境合作战略（2018—2022）》，落实和推进"绿色澜湄计划"，助力澜湄区域落实联合国2030年可持续发展议程。"绿色、低碳与可持续基础设施知识共享平台""促进可持续生计的生态系统管理改善试点"等项目顺利启动。

三是社会人文交流领域丰富多彩。在新冠肺炎疫情的严峻考验之下，澜湄国家不断创新交流方式，构筑起民心相通的新纽带。"澜湄电视周""澜湄合作媒体云峰会""澜湄旅游城市合作联盟交流活动""澜湄国家历史文化名城对话会"等交流活动顺利举办，2021年6月发布的《关于深化澜沧江—湄公河国家地方合作的倡议》，明确了澜湄国家地方政府开展友好交流与互利合作的主要内容。

澜湄合作五大优先领域成果丰硕：

一是互联互通合作纵深推进。中国通过各专项贷款和援外优惠贷款等举措，支持湄公河国家开展了40多个重大项目。

二是产能合作提质升级。2020年12月成功举办的"多国多园"合作交流对接会上，六国代表一致同意努力扩大澜湄国家产业联通范围，把"多国多园"合作打造成澜湄产能合作亮点。在电力合作领域，中老两国加快开展互利共赢合作。在数字经济领域，澜湄六国加强在数字基础设施、电子商务、数字技术研发等重点领域的合作，携手推广数字化应用，积极促进经济复苏。

三是跨境经济合作成效显著。六国正在积极提供必要的政策和各类资源支持，加快澜湄合作与"国际陆海贸易新通道"建设开展对接。在过去的两年里，澜湄国家积极落实《中华人民共和国与东南亚国家联盟关于修订〈中国—东盟全面经济合作框架协议〉及项下部分协议的议定书》，加速核准《区域全面经济伙伴关系协定》。

四是水资源合作提升新高度。为提升流域各国应对洪旱灾害能力，2020年9月和10月，中国水利部分别与湄公河五国和湄公河委员会签署相关备忘录与协议，并从11月1日起开始提供澜沧江允景洪和曼安水文站的全年水文信息，助力下游国家水情预报和减灾行动。中国还同湄公河国家积极开展绿色水电、农村供水、大坝安全、水利人才交流培训等合作，2020年在老挝建设完成22个农村供水示范工程项目。2021年，中国与湄公河国家通过共同实施"澜湄甘泉行动计划""澜湄兴水惠民行动""典型小流域综合治理示范"等务实合作项目，携手应对气候变化挑战，提升各国水资源管理能力。

五是农业和减贫合作成果丰硕。在农业合作方面，2020年2月，《澜湄农业合作三年行动计划（2020—2022）》正式发布。澜湄国家充分发挥澜湄农业合作中心的联络协调和技术支撑作用，通过加强政策对话、产业发展、贸易与投资合作等多种路径，共同提升农业发展水平。在澜湄合作专项基金支持下，六国自2020年起开始实施"丰收澜湄"农业合作项目。澜湄合作还围绕跨境动物疫病防控、农药风险管理等议题进行培训和交流，提供经验借鉴和进行技术分享，为促进六国农业农村发展发挥了积极作用。在减贫合作方面，澜湄国家加强减贫经验交流和知识分享，通过开展政策咨询、联合研究、技术支持等活动，提升地区国家减贫能力，积极推进减贫合作示范项目，为澜湄地区脱贫致富和国家发展提供助力。

5.中国面向南亚东南亚辐射中心

2015年1月,习近平总书记考察云南时指出,希望云南发挥沿边开放区位优势,主动服务和融入国家发展战略,努力建设成为我国面向南亚东南亚辐射中心。2020年1月,习近平总书记再次考察云南,明确指出云南要主动服务和融入国家重大发展战略,以大开放促进大发展,加快同周边国家互联互通国际大通道建设步伐。加强同周边国家文化交流工作,促进民心相通。

根据上述指示,云南省先后制定出台了《中共云南省委云南省人民政府关于加快建设我国面向南亚东南亚辐射中心的实施意见》《云南省建设我国面向南亚东南亚辐射中心规划（2016—2020年）》和《云南省推动对外贸易高质量发展三年行动（2022—2024年）》等系列规划和政策文件,有效构建高位推动、上下协同的政策体系。

根据云南省规划,南亚东南亚辐射中心建设目标是:聚焦政策沟通、设施联通、贸易畅通、资金融通、民心相通,统筹对内对外开放,有效衔接利用国际国内两个市场、两种资源,着力增强互联互通能力、创新驱动能力、金融配置能力、公共服务能力和区域经济实力,不断提高经济市场化程度和社会开放融合度,推动形成全面开放新格局、多元合作新平台、对外交流新机制、经济竞争新优势,把云南打造成我国与南亚东南亚国家之间资本、人才、技术、信息、市场等要素集聚、流动和扩散的"枢纽地区",重点推动区域性国际经济贸易中心、科技创新中心、金融服务中心、人文交流中心建设,全面提升经济影响力、创新带动力、人文亲和力和文化软实力。[1]

辐射中心战略布局是:坚持"深耕周边、拓展欧美、培育新兴市场、联动国内腹地",推动形成外引内联、双向开放、通江达海、联通两洋的全面开放新格局。积极主动参与中国—中南半岛经济走廊、孟中印缅经济走廊建设以及中国—东盟自由贸易区升级版、澜沧江—湄公河次区域合作。加强与周边国家高层互访、经贸往来、民间交流,密切与周边华人华侨联系,厚植社会和民

---

[1] 云南省人民政府:《云南省建设我国面向南亚东南亚辐射中心规划（2016—2020年）》。

意基础，深化利益融合，推动在互联互通、投资贸易、产业发展、能源资源和人文交流与合作等领域取得新突破。拓展与欧美等发达经济体经济技术合作，着力引进资金、品牌、技术、人才和先进管理模式。扩大与印度、俄罗斯、巴西、南非等新兴市场国家的交流与合作，加强友好往来、宣传推介、市场推广和咨询服务，扩大贸易往来，推进产能与装备制造合作，推动形成对外贸易新增长点。联动国内腹地，全面融入长江经济带建设，共同打造国家生态文明建设先行示范带、创新驱动带、协调发展带。深化泛珠三角区域合作，积极参与构建区域互动合作机制，加强通道连接、资本引进、市场对接，深度开展资本和产业合作，联合、借力国内腹地增强对外开放支撑。有机衔接成渝、黔中及北部湾经济区发展，推进珠江—西江经济带、赣湘黔滇和粤桂黔滇高铁经济带、左右江革命老区、文山—百色跨省经济合作区、临海产业园建设。提升滇粤、滇浙等省际合作水平，加强与川渝黔桂藏等周边省（区、市）合作。完善沪滇对口帮扶合作机制，深化产业转移与承接、园区共建、金融发展、科技创新、人才培养等方面合作。深化与香港、澳门和台湾地区的合作发展。[①]

经过云南省多年努力建设，辐射中心取得了明显成效：

一是基础设施互联互通全面发力。"七出省五出境"高速公路网基本形成、"八出省五出境"铁路网不断延伸、"两网络一枢纽"航空网加快推进、"两出省三出境"水路网持续拓展、外联内畅的综合运输大通道加快形成。面向南亚东南亚空中运输通道布局逐步形成，至南亚东南亚国家通航城市最多达43个，数量居全国第一，基本实现南亚东南亚首都和重要旅游城市航线全覆盖。中越、中老、中缅国际通道高速公路境内段全线贯通，境外段中老高速万象—万荣段已建成通车。中缅油气管道投产运营，建成13条跨境电力联网通道，面向南亚东南亚的区位优势、开放优势更加凸显。

二是中老铁路黄金线路效应持续扩大。抢抓中老铁路开通重大机遇，实施通道能力提升、物流枢纽建设、沿线产业开发、市场主体培育"四大行动"，

---

① 云南省人民政府：《云南省建设我国面向南亚东南亚辐射中心规划（2016—2020年）》。

一年多来，发送旅客突破1045.71万人次，累计运输货物1450.47万吨，到货地点和货物来源地已覆盖泰国、缅甸、老挝、马来西亚、越南、柬埔寨、新加坡、孟加拉国8个主要国家，货物品类由开通初期的橡胶、化肥、百货扩展到电子、光伏、通信、汽车、鲜花1200多种，在中国和东盟间构建起一条内外联动、便捷高效的国际物流大通道，"黄金线路"作用持续扩大。

三是国际经济贸易加速发展。对外贸易持续增长，2022年，全省外贸进出口总额实现3342.4亿元，增长6.3%，2019—2021年3年内连续跨上2000亿元、3000亿元两个台阶。贸易市场增至200多个，2022年对东盟国家贸易额实现1273.7亿元，占全省外贸总额比重达38.1%，东盟第一大贸易伙伴地位持续巩固。中缅新通道海公铁联运已累计运输20批次，货运量超过2万吨，极大地优化了我国内陆地区出海的国际物流模式和路线。双向投资稳步提升，10年来，累计利用外资71.5亿美元，入滇发展的世界企业500强累计近140家。通关便利化程度不断提升。2022年12月，云南省进口、出口整体通关时间均排名全国第1位，2022年全年进口、出口整体通关时间分别排名全国第2、3位。跨境人民币业务不断扩大，截至2022年底，已同120个国家（地区）建立了跨境人民币结算渠道，跨境人民币累计结算金额7197.98亿元，实现已建交南亚东南亚国家全覆盖。

四是对外开放举措不断创新。云南省坚决贯彻落实国家对外开放方针政策及工作部署，省委、省政府作出昆明市托管磨憨镇共建国际口岸城市的决策，推动省、市、州协同打造磨憨国际口岸城市。发挥昆明省会城市的龙头带动作用和西双版纳边境门户的开放窗口示范作用，一体推进口岸功能提升、口岸经济发展、口岸城市建设，进一步发挥"四区"政策叠加优势，形成以"两头"带"中间"发展格局，更好吸引物流、人流、资金流向中老铁路沿线集聚，将磨憨打造成为中老铁路上的重要开放门户。

五是口岸经济提质增效。制定实施口岸建设三年行动计划，加快打造枢纽型口岸、智慧口岸，着力打造河口、磨憨、瑞丽三个重点口岸城市，印发实施了支持三个口岸建设的若干政策措施，推进猴桥、清水河两个重要口岸建设，推动形成优势互补、协调发展的高质量开放合作新平台。

六是人文交流走深走实。持续深化与周边国家在教育、文化、旅游、科技、卫生、生态环保等领域的合作。教育合作方面，成功举办第五届南亚东南亚教育合作昆明论坛，积极组织开展"国家公派出国留学项目""非通用语种人才支持计划"等项目，境外办学覆盖泰国、老挝、柬埔寨、缅甸、越南、伊朗、肯尼亚等国家。文化交流方面，持续开展"七彩云南文化周边行""文化中国·七彩云南""跨国春晚"品牌推广活动，"澜湄视听周"升级为国家级国际交流活动，并列入2023年全国广播电视和网络视听工作要点和澜湄合作第七次外长会议后续落实事项清单。旅游合作方面，成功举办2022中国国际旅游交易会、中老铁路助力亚洲命运共同体建设高峰论坛等活动，"中老铁路游"小程序和"游泰东北"小程序荣获2022年文化和旅游数字化创新实践优秀案例。科技合作方面，成立多个国际科技合作创新平台，与南亚东南亚国家共建37个联合创新平台、14个国家级国际科技合作基地和74个省级国际科技合作基地。医疗卫生方面，举办"澜湄周"公共卫生活动、中越艾滋病防治研讨会、中缅边境疟疾消除研讨会等国际卫生活动，大力推动构建周边卫生健康共同体。生态合作方面，成功举办云南生物多样性成就展、自然文化多样性峰会等活动，再次向全世界展现了云南生物多样性保护的成功实践及丰硕成果。[①]

（二）根据国际关系网络性质，选择不同的"海外云南"发展战略类型。

1. 母国发展战略

在云南，"母国发展战略"主要指边境经济合作区、跨境经济合作区和边境经济合作区发展战略，以及众多"边民互市"类边境贸易发展经济战略。总体上，可以分为三类：

一是服务型"母国发展战略"。中国自由贸易区是指在国境内关外设立

---

① 云南省网上新闻发布厅：《云南加快建设我国面向南亚东南亚辐射中心新闻发布会》，https://www.yn.gov.cn/ynxwfbt/html/2023/zuixinfabu_0223/5234.html。

的，以优惠税收和海关特殊监管政策为主要手段，以贸易自由化便利化为主要目的的多功能经济型特区。从这个角度看，大部分的自由贸易区就是服务型的自贸区。在云南，省政府明确了"支持自由贸易试验区、综合保税区、边（跨）境经济合作区、国家级经济技术开发区等开放型园区出台土地、金融、人才等配套政策，大力承接国内外加工贸易订单转移、企业转移。"核心是"配套政策"，也就是"制度创新"。以此为基础，"谋划一批大项目、好项目，吸引企业入区发展加工贸易、保税物流、电子商务、商贸流通等产业，促进区域内外生产加工、物流和服务业深度融合。"[1]

另外，依托自由贸易区或跨境经济合作区规划发展起来的产业，如物流、电子商务等本质上还是"生产性服务业"，金融服务，更是重要的服务业。云南省政府出台政策"支持辐射能力强的边（跨）境经济合作区建设省级物流枢纽、物流园区。加大对边（跨）境经济合作区内物流企业的培育力度，鼓励园区传统物流信息平台向物流供应链平台转型。""深化跨境金融合作。将边（跨）境经济合作区纳入资本项目外汇便利化政策支持范围，稳定提升优质企业贸易外汇收支便利化政策覆盖面。支持边（跨）境经济合作区内金融机构在依法合规和风险可控的情况下开展跨境金融业务。提升银行跨境人民币金融服务质效，支持合作区内银行为境外企业提供人民币贷款，鼓励合作区内企业通过银行获得境外人民币贷款。支持边（跨）境经济合作区与邻国开展双方货币跨境结算。支持南亚东南亚企业在合作区内的中方银行开立NRA账户，办理跨境人民币业务。完善银行业金融机构人民币现钞调运审批前置管理条件，恢复人民币现钞调运审批。"[2]

---

[1] 云南省人民政府：《云南省商务厅关于印发云南省推进对外贸易高质量发展三年行动（2022—2024年）的通知》，2022年7与21日，https://www.yn.gov.cn/ztgg/yhyshj/zcwj/kjmy/202304/t20230421_257982.html。

[2] 云南省人民政府：《云南省商务厅关于印发云南省推进对外贸易高质量发展三年行动（2022—2024年）的通知》，2022年7月21日，https://www.yn.gov.cn/ztgg/yhyshj/zcwj/kjmy/202304/t20230421_257982.html。

二是生产型"母国发展战略"。由于制造业在经济增长拉动要素中的重要作用，边（跨）境经济合作区基本都提出着力打造各具特色的先进制造业产业体系目标，都加大了加工制造业招商入园力度。云南省政府提出以"促进边（跨）境经济合作区打造各具特色、优势互补、产业联动、区域协同、错位发展的边境特色产业体系"为目标，并提出了各个经济合作区的错位发展：磨憨重点承接国际商贸、进出口商品加工制造、生物医药大健康等产业；瑞丽重点承接进出口商品落地加工、装备制造、通信电子、纺织服装、农畜产品加工、林产品加工等产业；畹町重点承接进出口商品落地加工、装备制造、通信电子、纺织服装、特色进口中药材加工、农产品精深加工等产业；河口重点承接消费电子及其零部件、轻纺加工类产业；临沧重点承接电子产品、海产品精深加工、农机具加工类产业。[1]

非但如此，云南省提出要充分发挥自由贸易试验区、综合保税区、边（跨）境经济合作区、国家级经济技术开发区等稳外贸稳外资主阵地作用，"打造一批先进制造业集群"。依托省级以上开发区，着力打造先进装备制造、新材料、生物医药、电子信息、绿色铝、绿色硅、绿色化工等一批省级先进制造业集群，力争打造稀贵金属新材料、生物医药国家先进制造业集群。[2]

三是贸易型"母国发展战略"。创新发展边境贸易、做强做优边境贸易是云南对外开放政策的重要一环。云南提出要贯彻落实边境贸易创新发展和边民互市贸易进口商品来源地政策，逐步扩大互市贸易规模。加快推动边境贸易公共服务平台与国际贸易"单一窗口"对接，实现边民互市一站式服务。积极推进边（跨）境经济合作区边民互市贸易进口商品落地加工发展。鼓励边境地区

---

[1] 云南省人民政府：《云南省商务厅关于印发云南省推进对外贸易高质量发展三年行动（2022—2024年）的通知》，2022年7月21日，https://www.yn.gov.cn/ztgg/yhyshj/zcwj/kjmy/202304/t20230421_257982.html。

[2] 云南省人民政府：《云南省人民政府关于印发云南省推动制造业高质量发展若干措施的通知》，2022年6月28日，https://www.yn.gov.cn/wap/zfxxgkpt/fdzdgknr/zcwj/zdgkwjyzf/202206/t20220628_243663.html。

人民政府引入落地加工企业，积极做好用地指标保障和融资支持工作。落实边民互市进口商品增值税和所得税政策。鼓励各边（跨）境经济合作区积极开展便利边民参与交易的数字化建设，提高边民互市申报、结算、开票等服务的数字化水平。

同时，加快推进对缅甸的牛油果，对越南的菠萝、椰子、榴莲，对老挝的鸡血藤、土茯苓、腰果等商品进口准入进程，扩大进口量。拓展边民互市贸易进口商品来源地至东盟10国，加快农产品、中药材及水产品等落地加工项目发展。加快推动老挝屠宰用肉牛恢复进口并常态化发展；积极与缅甸相关部门沟通，加快青贮饲料进口，推进早日实现肉牛进口。大力发展"互联网+边境贸易"新业态，降低交易成本。发展具有沿边特色的边境贸易商品市场和商贸中心。

2023年前三季度，云南边境贸易进出口365.1亿元，增长71.5%，边境小额贸易、边民互市进出口额同比均实现正增长。[①]

2. 飞地发展战略

"飞地发展战略"就是大力发展境外经济贸易合作区。根据中国商务部的定义中国境外经济贸易合作区是指在中华人民共和国境内（不含香港、澳门和台湾地区）注册、具有独立法人资格的中资控股企业，通过在境外设立的中资控股的独立法人机构，投资建设的基础设施完备、主导产业明确、公共服务功能健全、具有集聚和辐射效应的产业园区。

"飞地发展战略"是"海外云南"发展战略的核心战略，包括：

一是生产型"飞地发展战略"。云南投资主体根据市场情况、东道国投资环境和引资政策等多方面因素，在境外投资建设的生产型境外经济贸易合作区。目前云南对外投资，重点应在基础设施领域，以及电子、新能源汽车、装备、生物医药、新材料等先进制造业和现代航运服务业等领域，并着重加强上

---

① 云南网：《今年前三季度 云南边境贸易进出口365.1亿元 增长71.5%》，2023年10月26日，https://m.yunnan.cn/system/2023/10/26/032808226.shtml。

下游产业链合作。云南投资主体通过建设合作区,吸引更多的国际企业到东道国投资建厂,增加东道国就业和税收,扩大出口创汇,提升技术水平,促进经济共同发展。

尽管云南对外投资,无论数量和质量,与中国内地其他地区有一定差距,但是对"飞地发展战略"而言,云南是走在走在前面的,典型的就是"腾冲—曼德勒缪达经济贸易合作区"。

2018年8月,国家发展改革委对云南省保山市"腾冲—曼德勒缪达经济贸易合作区"做了正式批复,"目前,我们已将缅甸皎漂经济特区工业园、仰光新城、保山市腾冲—曼德勒缪达经济贸易合作区、中缅边境经济合作区等项目列入《中缅经济走廊早期收获项目清单(中方建议清单)》"。[1]

"腾冲—曼德勒缪达经济贸易合作区"于2017年1月启动,6月通过缅甸投资委员会审批,7月取得许可证,总规划面积1905亩,估算总投资176505.42万元。该园区旨在利用境内境外"两种资源""两个市场"以及缅甸的区位优势、资源优势、政策优势和工业化后发优势,将项目建成以电工电器组装、制鞋产业、制帽产业、服装产业、日用品产业,电力设计、施工与输配电产品,物流仓储为主的中国面向孟中印缅区域的对外合作示范园区。

"腾冲—曼德勒缪达经济贸易合作区"一期开发面积297亩,总投资39946.73万元。已经改造完成标准厂房4000平方米,建设项目已开工建设23栋厂房、2栋仓库、3栋宿舍,建筑面积约12.16万平方米,完成投资4.46亿元。与9家企业已签订入驻协议,6家企业达成投资意向,入驻企业2家。由缅甸旦多森有限公司与云南建盛投资有限公司合资建立总投资25亿元人民币的旦多森水泥厂,第一条生产线于2014年11月16日正式点火投产,年产水泥可达180万吨;第二条生产线于2017年10月26日点火投产,产能跟第一条生产线一样,年

---

[1] 国家发展改革委:《关于政协第十三届全国委员会第一次会议第0783号(经济发展类065号)提案答复的函》,2018年8月2日,https://www.ndrc.gov.cn/xxgk/jianyitianfuwen/qgzxwytafwgk/202107/t20210708_1289328.html。

产水泥可达180万吨。①

二是服务型"飞地发展战略"。"海外云南"发展战略中的服务型"飞地发展战略",就是云南省投资主体在海外兴建经济发展平台,通过制度创新和服务创新,提供国际贸易、国际物流、产能合作、金融服务和技术服务,获取报酬。通俗理解就是云南省投资主体自己当"房东",收"租金"。"房客"是全球客户。"租金收入"包括生产税(扣除生产补贴)、劳动者报酬和财产收入等,也就是国民总收入(GNI)加海外资产收入。

在这类境外经济贸易合作区里,云南省投资主体作为在海外的中国"常住单位",代表国家对园区里的生产要素主要包括劳动力、资本、自然资源等总收入进行初次分配,并将初次收入分配净额留存,作为中国海外资产储备,以国民总收入(GNI)形式,进入国民生产总值(GNP)基本盘。

作为"海外云南"发展战略的核心,目前并没有成熟成型的平台建成。但是"中国猴桥—缅甸甘拜地跨境经济合作区"具备雏形,值得关注。

"中国猴桥—缅甸甘拜地跨境经济合作区"位于中缅南4号界碑两侧,规划统筹范围为16平方公里,核心区规划用地面积2.5平方公里。以腾密路为联动发展轴,以腾冲猴桥黑泥塘(1.5平方公里)—下街片区(5平方公里)、缅甸甘拜地(1平方公里)—密支那片区(8.5平方公里)为2个组团进行规划建设。规划以"国家级跨境经济合作区"为发展目标,打造成为中缅印大通道上集国际贸易、跨境物流、仓储保税、转口加工、跨境电商和跨境旅游为一体的跨境经济合作区。2021年5月26日,缅甸国家投资委员会(MIC)颁发了缅甸甘拜地经济开发区一期项目投资许可证。一期预计投资3亿元人民币,已完成一期450亩项目用地收储及场地平整,累计完成投资8000多万元人民币,已具备开发建设条件。②

---

① 云南省农业农村厅:《"一线两园",保山搭建"孟中印缅经济走廊"新平台》,https://nync.yn.gov.cn/html/2019/zonghelei_1218/368466.html。
② 澎湃新闻:《腾冲边合区:全面创建国家级跨境经济合作区》,2022年3月31日,https://www.thepaper.cn/newsDetail_forward_17394312。

另外"海外仓"项目可以归纳为这种发展类型。云南省政府明确规定："支持企业利用服务贸易创新发展引导基金、中央外经贸发展资金等重点布局东南亚南亚市场、"一带一路"共建国家重要节点海外仓。支持综合运用建设—运营—移交（BOT）、结构化融资等投融资方式建设海外仓。鼓励企业设立公共海外仓，鼓励中小企业通过租赁等方式加强与海外仓经营企业合作，增加境外营销网络站点、降低运营成本、拓展当地市场。对企业设立海外仓产生的贷款贴息、仓储设备投入、使用操作费用等给予支持。"[1]

3. 联盟发展战略

一是国内联盟海外发展战略。这个战略比较接近于"抱团出海"，不过要点是先"抱团"，再"出海"。就是云南省海外投资主体，联合国内同行，通过资本运营、联合经营、战略合作等方式，共同组建通道运营主体企业或企业联盟，强化通道运营资源整合提高跨区域协同运作能力，在"一带一路"各通道沿线节点设施布局，统筹通道统一运营平台与区域性平台联动发展，引导区域性平台公司差异化分工，结合本地产业资源禀赋，发展个性化、定制化服务。

2023年5月，广东省委书记黄坤明指出，愿意与云南加强重大战略合作，以更大力度推进两省基础设施互联互通，共建西部陆海新通道，促进沿海、内陆和沿边联动发展，用足用好广交会、高交会、南博会等平台资源和渠道，共同开拓南亚、东南亚等市场，更好融入和服务新发展格局；同时，积极参与周边国家和地区物流枢纽节点建设，加强与新加坡等东南亚重点港口联动发展，合作打造境外还箱点，共建海外揽货和分拨配送网络，加强境外箱源、货源组织，优化回程货源和空箱调运，促进通道双向货流均衡。围绕东南亚国际班列、跨境公路班车主要停靠点，合作共建境外分拨配送基地，拓展东南亚腹地

---

[1] 云南省人民政府：《云南省商务厅关于印发云南省推进对外贸易高质量发展三年行动（2022—2024年）的通知》，2022年7月21日，https://www.yn.gov.cn/ztgg/yhshj/zcwj/kjmy/202304/t20230421_257982.html。

物流服务网络。[①]

二是国际联盟海外发展战略。充分利用云南面向南亚东南亚区位优势，以及在东南亚良好的国际关系网络，云南省海外投资主体，基于合作共赢的原则，在与东盟国家在电子、新能源汽车、装备、生物医药、新材料等先进制造业和现代航运服务业等领域，共建一批优势互补、互利共赢的产业园区。

保山市腾冲边合区联合云南保山恒益实业集团与缅甸克钦邦政府共同合作开发的"密支那经济开发区"就是一个大胆的尝试。

"密支那经济开发区"项目位于缅甸克钦邦密支那城区西北方向8公里，总规划用地面积约4700英亩（合约28530亩），计划开发年限15年，土地一次性征用，分三期进行开发。项目概算总投资约2.4亿美元，一期计划投资约1.3亿美元，重点发展农林产品生产及加工、缅甸传统工艺品加工、农机机械制造、新型建材生产、生物制药、物流仓储、文旅康养等产业。该项目由腾冲边合区、云南保山恒益实业集团与缅甸克钦邦政府共同合作开发，目前已经与缅方签署了项目合作谅解备忘录。

4. 代理人发展战略

一是建设海外发展平台。充分利用云南在东南亚地区国际关系网络，支持云南"关系人"建设海外发展平台。支持相关企业充分利用"两个市场""两种资源"，推进外贸"买周边到全国、卖全国到周边"。具体地说，依托中老、中越铁路等大通道沿线资源优势和国内外商品、市场互补需求，扩大机电产品、农产品、有色金属、磷化工等产品出口。促进原油、矿砂（矿石）等资源性产品，水果、粮食等农产品，鱼、虾、蟹等水产品以及煤炭、橡胶等产品，以及先进技术、关键设备和重要零部件进口。

同时，探索发展离岸贸易。加强云南自贸试验区离岸贸易业务创新，利用大数据与区块链技术，支持银行按照展业三原则，推动贸易真实性审核从事前

[①] 云南省人民政府：《云南省党政代表团赴广东学习考察 共同谱写滇粤协作新篇章》，2023年5月15日，https://www.yn.gov.cn/ywdt/ynyw/202305/t20230515_259054.html。

审查转为事后核查，为企业开展真实合规的离岸贸易业务提供优质金融服务。加强离岸贸易企业服务，创新政策支持，培育和引进一批具有真实贸易背景的离岸贸易企业和金融服务中介机构，加快形成离岸贸易产业集聚区，打造面向南亚东南亚离岸贸易中心。

二是构建代理人关系网络。在云南完全没有占据人际关系优势的国家（如印度），构建"代理人关系网络"，创造一切发展经济的机会。

印度是南亚区域最大的经济体，印度快速的经济发展和庞大的消费市场，吸引了包括中国企业在内的全球投资者。2022—2023财年印度国内生产总值（GDP）达到273.08万亿卢比。2023年12月8日，印度储备银行宣布将印度2023/2024财年（2023年4月1日至2024年3月31日）国内生产总值增速预测从6.5%上调至7%[1]，在全球非常吸引眼球。在最吸引外国直接投资的前20个经济体中排名第12位。印度吸收外国直接投资的优势主要包括：高度专业化的外包服务、英语熟练的劳动力以及近14亿人口的庞大市场。截至2020年6月，毛里求斯是印度吸收外资最大来源地，占印度累计吸收外资总额的30%，其次为新加坡（21%）、荷兰（7%）、日本（7%）、美国（6%）。截至2020年底，中国在印累计投资超过31.83亿美元。中国对印度的主要投资领域包括汽车、制药、电子商务、电信设备、手机、家用电器、电力设备、钢铁、工程机械等领域。2022年，中印双边贸易1256.6亿美元，首破千亿美元大关。

然而，印度营商环境各邦普遍欠佳，对中国投资者来说更加如此。根据世界银行公布的《2020年营商环境报告》，在190个国家和地区中，印度营商环境便利度排名为第63位。受印度对华经济"脱钩"政策影响，中资企业在印度面临十大困难，自2020年开始，一些中资企业离开印度市场，但是仍然有一部分苦苦挣扎着留在那里。

这十大困难包括：一是印度禁止国内电信运营商采购华为和中兴通讯设备。2019年4月，印度对华为、中兴两家中国通讯供应商发起调查。2020年6

---

[1] 施普皓：《印度经济发展基础难言牢固》，《经济日报》2023年12月14日第11版。

月,印度政府明确禁止国有运营商采购华为和中兴通讯设备,要求国内私营电信运营商,在不影响消费者服务情况下,逐步更换中国设备。二是印度加大对中资企业投资的审核力度。2020年4月,印度政府对《外汇管理法》(FEMA)中有关"外国直接投资"(FDI)条款进行修改,限制来自陆地邻国的直接投资,中资企业对印度的投资,将由先前的自动审批路径转到政府预先审批。三是印度禁止多款中国应用。2020年6月,印度以中国应用存在安全问题、违反数据共享和隐私规定为由,决定在本土禁止在移动和非移动设备上使用抖音海外版 TikTok、微信、小米视频电话、茄子快传等59款中国 APP。目前已有超过300多款APP被禁。四是印度从中国进口电力设备和部件需要政府核批。中国是印度电力设备重要的供应国家。2018至2019财年,印度进口电力设备和部件总额为7100亿卢比(约合94亿美元),其中价值2100亿卢比(28亿美元)的设备来自中国。2021年7月,印度电力部宣布新规,规定印度企业从中国进口电力设备和部件,事先须得到政府批准。五是印度出台具体规定限制中企参与政府采购项目投标。2020年7月,印度财政部对2017年发布的《财务通则》进行修订,对来自中国、巴基斯坦、孟加拉国、尼泊尔、不丹、缅甸等陆上邻国的企业作为投标人参与印度政府采购项目投标,要求必须在印度主管部门——印度工业和内贸促进局(DPIIT)登记委员会进行登记注册后,才有资格在采购中投标,范围涵盖货物、服务、工程等。2020年7月,印度宣布禁止中资企业参与印度高速公路项目投标和建设,不允许有中国作为合作伙伴的合资企业参与投标和承担道路建设。六是印度取消中资企业已中标建设项目。自2020年6月开始,印度铁道部中止中国铁路通信信号集团公司参与印度东部专用货运走廊的项目合作。马哈拉施特拉邦政府搁置了与中国公司举行的"磁力马哈拉施特拉邦2.0投资研讨会"上签署的三项协议,总价值超过500亿卢比(约合6.6亿美元)。印度全国运输委员会决定由本国三家企业承担制造未来3年内将增加的44列 Vande Bharat 高速列车,取消中国中车在印度半高速铁路项目竞标资格。七是印度对中国产品设置更高的贸易壁垒。印度计划对来自中国的商品进口设置更高贸易壁垒,提高进口关税。印度贸易联合会公布500多种来自中国的进口产品清单，要求其产品全部停止销售。2020年4月，印度商工部宣布自10月1日开始，针对照明、键盘、蓝牙耳机等12大项产品进口实施印度官方强制性标准（BIS）体系认证。2022年4月将太阳能组件的基本关税提高到40%。印度对371种中国商品实施进口限制，包括化工、制药、电机、钢管、钢条、消费电子、电信、重型机械、纸张、家具和玩具等细分领域，于2021年纳入印度的"BIS"。八是中资企业经常受印度政府相关部门检查。在印中资企业经常受印度财政部（税务局）、海关、企业事务部（公司注册处）等部门检查，一些属于例行税务、合规、法务等检查，一些是有针对性的突击检查。2021年12月以来，印度三级（中央、邦、市）税务部门，以"偷税、虚假交易、财务欺诈"为名，在德里、孟买、拉杰科特和卡纳塔克邦等地开始对在印中资手机企业OPPO、小米、VIVO及丘钛科技等一些供应商、销售代理商等进行突击检查。2022年1月，指控小米印度公司在进口价值申报中，没有将其向美国高通公司和北京小米移动软件公司支付的特许权使用费计算入内，压低货值，违反了印度的《海关法》。九是中资企业无法受益于印度相关促进政策。中资企业投资印度，按照印度相关政策、法规，如设立工业园，会享有部分投资返还和优惠税收等政策，与其他国家、地区投资企业相比，印度政府给予中资企业的优惠力度减少或不予执行；2020年，印度陆续出台"生产挂钩激励计划（PLI）"促进电子制造、电动汽车、光伏组件等激励政策，一些中资企业表示，中资企业即使符合相关指标、条件，也无法受益。十是印度停发中资企业人员签证造成逾期经营困难。2020年初，印度取消对中国人已签发的电子商务签证。随后停止签发商务、工作签证，导致在印人员无法进行正常轮换，公司高层管理、技术人员、关键性岗位人员等无法及时返印，对公司业务造成了不利影响，无法执行、开展相关项目。中资企业受此影响最大，一些企业被迫关闭，一些企业缩小规模，一些企业仅有当地人留守、维持。在印人员申请签证延期，往往到期后1—2个月才能获批。按照印度相关法规，申请人员手机号码、银行账户等均因签证到期而暂停服务，带来诸多不便。[①]

据此，兼之中国在印度社会关系网络中处于"代理人控制结构"的状况，我们可采取"代理人发展战略"：

一是选择有良好关系的地方邦政府联合打造工业园区。印度每个邦都有各自的民选政府，联邦属地及国家首都辖区则由联合政府指派政务官管理。地方邦只需要对地方负责，不需要向中央负责，每个邦都有独立的具地方特色的管理模式，中央对于邦的影响力不大，中资企业选择、搞好和投资所在地邦政府的关系至关重要，投资金额比较大的企业最好在投资前与邦政府做好前期的沟通交流工作，行业龙头企业可考虑带领其上下游供应链厂家建立工业园区，以通过提高整体投资额、创造本土就业机会、上缴更多税收以增加对该邦政府的影响力，确保得到长期有效的支持和更好的奖励机制。

二是选择合适的印度合作伙伴成立合资公司。2019年，国际慈善和人道组织乐施会（Oxfam）发布的调查报告显示，印度约51.53%的国家财富集中在1%的富人手中。随着印度经济的持续增长，一批有技术实力、颇具竞争力的当地企业应运而生。中资企业来印度投资，成立独立投资公司，存在各方面的困难及不确定性，选择合适的当地企业作为合作伙伴，成立合资企业共同开拓市场，可以取得事半功倍的效果和良好业绩。

三是在印中资企业应做好经营合法合规。印度法律和税务体系繁杂，效率不高，政策变化快，中资企业在赴印投资前，应充分了解本行业在落地印度后面临的行业竞争、政府采购限制、公司注册、财税筹划、资金出入境、办公室或厂房选址、租金行情、用电用水需求、环保标准、招聘员工、劳动法规、法律顾问等政策、运营法规，可选择具备资质、能力较强的专业律师和会计师事务所作为合作伙伴，协助企业落地，在印度进行合法、合规经营；对无理取消合同等使企业利益受损等重大事宜，可考虑采取法律上诉等方式维权。在安排资金出海和利润回国等事项，应选择正规金融服务机构通过正当渠道运作，避

---

① 印度中国商会编：《中国企业在印度发展报告（2021-2022）》，2022年11月。

免发生违规行为；选择合规专业的清关物流公司合作，从发货的源头开始，就要对产品的清关资料进行提前核查，合理合规地申报产品的货值、海关编码，尽量在发货前规避掉不合规的风险。

四是加快企业属地化进程、认真履行社会责任。中资企业在投资印度过程中，可适当提高属地化程度，通过加入相关行业、专业商协会等形式，在行业内发声，为企业自身营造相对公平的竞争环境。企业如遭遇无理取消合同等违约行为，可考虑通过上诉法院等形式寻求解决。企业应在当地履行社会责任，如依法纳税、女性员工保障、资助当地公益项目等，积极寻求改善与当地政府部门的关系，以赢得政府、当地社会团体和民众的认可与支持。①

（三）根据国际国内经济技术发展趋势，灵活采取不同的经济增长模式

1. "搭便车型"经济增长模式

一是在国内云南搭长江经济带区域发展便车。长江经济带覆盖上海、江苏、浙江、安徽、江西、湖北、湖南、重庆、四川、云南、贵州等11个省市，面积约205.23万平方公里，占全国的21.4%，人口和生产总值均超过全国的40%。2016年5月，中共中央、国务院印发《长江经济带发展规划纲要》明确了长江经济带发展的目标、方向、思路和重点。提出要将长江经济带打造成为生态文明建设的先行示范带、引领全国转型发展的创新驱动带、具有全球影响力的内河经济带、东中西互动合作的协调发展带，确立了长江经济带"一轴、两翼、三极、多点"的发展新格局。习近平总书记指出，要更好发挥长江经济带横贯东西、承接南北、通江达海的独特优势，更好联通国内国际两个市场、用好两种资源，提升国内大循环内生动力和可靠性，增强对国际循环的吸引

---

① 印度中国商会编：《中国企业在印度发展报告（2021—2022）》，2022年11月。

力、推动力，为构建新发展格局提供战略支撑。①

长江经济带作为引领经济高质量发展主力军，2022年实现GDP55.98万亿元，占全国GDP的46.3%。2022年全国人均GDP为85698元，长江经济带人均GDP为93239元，高出全国水平7541元。11省市中5个省市人均GDP超过全国平均水平。长江经济带人均经济规模继续攀升，领先全国同期水平的幅度进一步扩大。②

强化与长江经济带、长三角地区对接合作，加强与成渝地区双城经济圈产业衔接，是云南发展的必然选择。云南早就迈出融入长江经济带新步伐。2016年底川渝黔滇四省市签订了《关于建立长江上游地区省际协商合作机制的协议》，约定每年召开长江上游地区省际协商合作联席会议。2017年6月长江上游地区川渝黔滇省际协商合作联席会议召开，联合发布了《长江上游地区省际协商合作机制实施细则》，意向推进长江上游地区一体化发展。2017年9月泛珠三角区域合作行政首长联席会议召开。道路联通方面，近年来云南省着力规划建设了成昆、内昆、贵昆、沪昆、南昆、云桂铁路和高铁，滇藏和渝昆铁路正在加快建设中；公路通道中四川（两条）、贵州、广西更加便捷，通往贵州的杭瑞高速、汕昆高速和通往西藏的高速公路正在加快建设中；航运方面，正着力推进长江水富—宜宾三级干线航道建设，一旦金沙江—长江水运实现无缝连接，长江黄金水道将带动沿岸经济社会发展。

二是在国外云南让东南亚国家搭澜湄发展便车。澜湄合作是中国为澜湄国家提供的最重要的国际公共产品，云南作为国内重要的参与方，在其框架下的"海外云南"发展战略的实施，是能够也愿意让东南亚国家搭澜湄发展便车。

澜湄国家均是发展中国家，为了促进澜湄地区经济社会的可持续发展，加

---

① 国务院：《习近平主持召开进一步推动长江经济带高质量发展座谈会强调：进一步推动长江经济带高质量发展　更好支撑和服务中国式现代化》，2023年10月12日，https://www.gov.cn/yaowen/liebiao/202310/content_6908721.htm。

② 两会聚焦|长江经济带2022年高质量发展成绩单：GDP55.98万亿元，占全国46.3%，https://www.sohu.com/a/651820579_120756848。

强各国之间的联系与合作，域内已存在十余种合作机制。澜湄地区形成的众多合作机制，在一定程度上是对域内国家经济实力的补充。

①为澜湄合作提供了新机遇。在澜湄合作框架下，"海外云南"发展战略的实施，有望加强地区各国之间的经贸联系，促进制造业、农业等领域的优势互补，进一步完善区域产业链、供应链，贸易便利化水平也将继续提升。

②经济合作需求旺盛地区复苏前景向好。新经济环境下，湄公河国家与中国云南的贸易合作得到了有力保障，尽管地区世界经济面临很大的不确定性和复杂性，地区贸易总额还能实现逆势增长，已经充分说明地区经贸合作有着高度韧性和巨大潜力。在促进地区经济复苏的过程中，云南与湄公河国家势必努力发掘和拓展经贸合作的新领域，数字经济、绿色经济有望成为新亮点。

③区域治理迎来重要战略机遇。随着区域化的加快发展，国家行为体之间的相互依存度加深，通过区域治理消解疫情对澜湄地区造成的威胁与负面影响，维护本地区的安全和发展，是区域治理在澜湄合作中的立体展现。澜湄合作机制是区域协调和沟通的公共事务平台，它既包含了区域共识，也是推进区域治理的运作机制，在区域协调中具有非常重要的作用。

④数字经济迎来重要战略机遇。疫情进一步推动了云南与澜湄国家数字经济的发展，使数字经济成为本地区经济复苏的重要驱动力。面对疫情的冲击，数字经济在恢复澜湄国家的经济社会发展、扩大就业、增进民生福祉等方面的作用凸显。

2. "雁阵合作型"经济增长模式

一是在云南不占据优势的领域，加入经贸发展"雁阵"。随着《区域全面经济伙伴关系协定》（RCEP）红利释放，中国—东盟自贸区建设深入推进，中国和东盟互为最大贸易伙伴地位进一步得到巩固，2022年是中国东盟全面战略伙伴关系开局之年，双方经贸往来更加密切，东盟继续保持我国第一大贸易伙伴地位。我国与东盟贸易总值达6.52万亿元，增长15%，占我国外贸比重达到15.5%，较2021年上升了1%。①

东盟对广东、广西和云南而言，都是第一大贸易伙伴。如果以2022年统计数据为基准，就会发现云南不仅远远落后于沿海地区的广东，就连同是西部边疆地区并与东盟为最大贸易伙伴的广西也不如。2022年，广东与东盟进出口总额13545.9亿元，其中出口7290.1亿元，增长18.7%，进口6255.8亿元，增长-0.3%；②广西对东盟进出口2811.1亿元，下降0.4%；③云南与东盟进出口总额1273.7亿元，增长2.3%④。在这个领域，云南与广东差距10倍以上，"雁阵"结构很明显。

鉴于在对东盟贸易方面，云南不占据优势地位，因此，适宜与广西一样，加入以广东为首的经贸发展"雁阵"，以发展自己。

二是在云南占据优势的领域，充当产业发展"雁头"。云南在绿色能源发展已经占据"头雁"的位置，运用"雁阵合作型"经济增长模式，为经济增长做出贡献。

云南清洁能源资源丰富，在全国能源格局中占有重要地位。绿色电力可开发量超2亿千瓦，居全国前列。水能资源全国领先，技术可开发量居全国第3位，约占全国水能可开发量的1/5；风能、太阳能资源开发潜力巨大；煤炭、煤层气资源利用空间大，煤炭保有储量居全国第9位，预测煤层气资源量居全国第9位，仅少量开发；页岩气资源丰富，昭通地区被列入全国页岩气勘探五个重点建产区域之一；生物质能富集，生物质原料种质居全国之首；干热岩资源丰富。云南区位优势显著，与周边能源合作空间巨大。云南"东连黔桂通沿

---

① 商务部驻东盟使团经济商务处：《贸易快报：2022年中国—东盟贸易增长强劲》，http://asean.mofcom.gov.cn/article/jmxw/202301/20230103379201。

② 广东省统计局：《2022年广东省国民经济和社会发展统计公报》，https://www.gd.gov.cn/attachment/0/517/517271/4147108.pdf?eqid=80974eeb00000e5000000003647813d8。

③ 广西统计局：《2022年广西国民经济和社会发展统计公报》，http://tjj.gxzf.gov.cn/tjsj/tjgb/qqgb/t16230754.shtml。

④ 云南年鉴2023：《对外贸易和引进外资》，https://www.yn.gov.cn/yngk/gk/201904/t20190403_96295.html。

海、北经川渝进中原，西接西藏连西北"，是"一带一路"倡议、长江经济带发展两大国家发展战略的重要交汇点，面向南亚东南亚和环印度洋地区开放的大通道和桥头堡，可实现云贵两省互济，可利用四川天然气资源，可从广西输入海气。

"十三五"期间，云南能源工业累计完成投资3300亿元以上；2019年能源工业跃升为全省第一支柱产业，连续几年成为全省经济增长第一拉动力，拉动全省地区生产总值增速位居全国前列。全省水电、光伏、风电装机达8830万千瓦，占全省电力总装机的比重超85%，比全国平均水平高45个百分点左右；绿色能源发电量占比90%左右，比全国平均水平高60个百分点；绿色电力市场化交易占比97%；非化石能源占一次能源消费比重42.2%，位居全国前列；全国首家全面推广使用国Ⅵ（B）标准车用汽油。能源领域多项指标全国领先。

目前，云南省正在抓住绿色资源优势，大力开展绿色能源强省建设行动，依托水电做足电源供应，加快推进国家清洁能源基地建设。2022年，全省发电装机容量1.1亿千瓦，其中清洁能源装机超9500万千瓦，清洁能源占比居全国首位。规模以上工业发电量3747.94亿千瓦时，同比增长8.8%，其中，水电3038.82亿千瓦时、增长11.6%，火电459.14亿千瓦时、增长1.1%。清洁电力比重达87.7%，比上年同期提高0.9个百分点。同时，以绿色工业为经济增长主引擎，加快推进产业强省战略。2022年，全省绿色硅产值达1073亿元，增长130.9%，增加值增长93.2%，对规模以上工业增速贡献率为25.6%；绿色铝实现产值857亿元，增长36.6%，增加值增长35.2%，对规模以上工业增速贡献率为9.1%；新能源电池产业实现产值319亿元，增长4倍，增加值增长350.4%，对规模以上工业增速贡献率为12.2%。[①]

现在，云南以跨境电力联网为重点，推进电、油、气综合输送网络建设，全力打造国际区域性绿色能源枢纽。统筹推进境外电源合作开发，积极支持省内能源企业"走出去"，参与周边国家太阳能、风能等清洁能源合作开发和

---

① 胡晓蓉：《云南主动融入长江经济带高质量发展》，《云南日报》2023年11月14日。

其他能源基础设施规划、设计、建设、运营。以企业为主体，深化国际电力合作。逐步完善交易机制和市场规则，不断扩大交易范围和交易规模，研究建立面向南亚东南亚的跨境电力合作交易平台。[①]

未来，推行"海外云南"发展战略的"海外氢能"发展战略，充当"雁阵合作型"经济"国际头雁"。

3."对称联盟型"经济增长模式

党的二十大报告指出，依托我国超大规模市场优势，以国内大循环吸引全球资源要素，增强国内国际两个市场两种资源联动效应，提升贸易投资合作质量和水平。"海外云南"发展战略就是整合国内外资源，增强国内国际两个市场两种资源联动效应。因此，"对称联盟型"经济增长有两个发展模式：

一是国内对称联盟发展模式。云南与长江经济带、泛珠三角区域经济合作区、粤港澳大湾区，基于各自发挥优势、合作共赢原则，组成对等的合作联盟，促进共同发展和进步。

战略定位上，云南可以成为长江经济带各省份向南亚东南亚开放的重要战略支点，连接长江经济带、孟中印缅经济走廊、澜湄合作区、中国—中南半岛经济走廊的重要交通枢纽，长江经济带和西南周边国家生物多样性宝库和生态安全屏障，努力搭建南亚东南亚国家与长江经济带省份的政府沟通机制、贸易协调机制、投资协调机制、能源合作机制、产业合作机制、互联互通机制、争端解决机制等。空间布局上，云南以努力建设我国面向南亚东南亚辐射中心为定位，在外部空间上着力打造中国—东盟自贸区升级版和开创孟中印缅经济走廊建设新局面，对外辐射东南亚和南亚国家，成为中国向西南开放的重要战略枢纽，并向"一带一路"沿线纵深推进；在内部空间上着力连接珠江—西江经济带、长江经济带、京津冀、长三角、珠三角，成为中国向东南亚和南亚国家出口贸易、输出资本的重要通道，努力成为引领西南地区经济增长次核心。功

---

① 云南省人民政府：《云南省人民政府办公厅关于印发云南省绿色能源发展"十四五"规划的通知》，https://www.yn.gov.cn/zzms/zxwj/202304/t20230421_258004.html。

能板块上，在推进"五通"的基础上，重点强化金融合作，发挥沿边金融综合改革试验区职能，争取更大程度上的贸易和投资便利化，以跨境人民币结算为基础开展跨境金融合作，为国家推行人民币国际化不断探索；重点突出服务实体经济，引领云南对外贸易转变发展方式，带动产业转型升级，闯出跨越式发展新路子。

二是国外对称联盟发展模式。2020年11月，习近平主席在第17届中国—东盟博览会和中国—东盟商务与投资峰会开幕式上发表致辞，就发展中国—东盟关系提出4点倡议：提升战略互信，深入对接发展规划；提升经贸合作，加快地区经济全面复苏；提升科技创新，深化数字经济合作；提升抗疫合作，强化公共卫生能力建设。这是"海外云南"战略与东南亚国家经济发展战略对接的基础和方向。

目前云南与东南亚国家的经济发展战略对接，对称联盟发展的模式有两个：

①中国老挝磨憨—磨丁经济合作区。基于中老两国领导人"密切协调、团结合作，在涉及彼此核心利益问题上坚定相互支持"的共识，按照"企业主体、市场导向、商业运作、国际惯例"原则，中老两国在磨憨—磨丁开展对等的产能与投资合作，形成了国外对称联盟发展模式。

2023年12月12日，"中国老挝磨憨—磨丁经济合作区2023年12月重点项目集中开工仪式"在磨憨南坡海福创两亚项目工地举行，标志着磨憨国际口岸城市建设全面提速。本次集中开工的重点项目共有8个，涉及跨境产能合作园区建设、农产品加工、综合交通、水利工程、社会事业等领域，以跨境产能合作园（一期）海福创两亚产业园项目、昆明磨憨医院、玉磨铁路磨憨站规划十一号路工程、经合区新民水库等项目为主体，总投资34.15亿元，中国中铁参建其中5个项目。①

---

① 国务院国有资产监督管理委员会：《中国老挝磨憨—磨丁经济合作区8个重点项目集中开工》，2023年12月19日，http://www.sasac.gov.cn/n2588025/n2588124/c29600145/content.html。

②中缅经济走廊合作。基于中缅两国唇齿相依、休戚与共的特殊关系，是两国人民患难与共、守望相助的兄弟情谊，以及两国领导人共同构建中缅命运共同体这一政治共识，中国（云南）与缅甸在中缅经济走廊开启了"对称联盟发展模式"。

2020年1月18日，中国国家主席习近平在访缅期间与缅甸领导人见证了皎漂特别经济区深水港项目协议交换仪式，这标志着中缅经济走廊从概念转入实质规划建设阶段。2019年2月21—22日中缅经济走廊联合委员会第二次会议及第二届中缅经济走廊论坛期间，中方根据中缅经济走廊规划提出了24个项目，缅方同意加快包括皎漂经济特区、克钦邦、掸邦边境贸易区9个项目的工作，未来中缅经济走廊建设将与《缅甸2030可持续发展计划》相配合，涵盖电力、道路、桥梁、电信、基础建设、农业、交通、研究和技术等领域。2019年4月第二届"一带一路"国际合作高峰论坛期间，中缅双方共同签署《中缅经济走廊合作计划（2019—2030）谅解备忘录》《关于制定经贸合作五年发展计划》《缅甸与中国政府经济技术合作协定》。自中缅油气管道、莱比塘铜矿、达贡山镍矿等中缅标志性合作项目的建成投产以来，缅方每年可从项目产生的国家税收、投资分红、路权费、过境费、培训基金及社会经济援助资金中获得收益。

中缅双方同意发挥好皎漂项目对中缅经济走廊的示范带动作用，同时加快推进中缅边境经济合作区和仰光新城建设，从而形成经济走廊北、东、西三端支撑的整体布局。双方要统筹推进公路、铁路、电网等互联互通项目，尽快形成连通走廊的骨架网络。①

---

① 鹿铖：《中缅经济走廊开启实质规划建设》，《光明日报》2020年1月19日。

余 论

一、国民总收入（GNI）与经济增长

国民总收入（GNI）。一国不是封闭经济体，与其他国家有出口、进口和借贷关系，这就产生了国民和国家的概念。

GDP指的是该国境内所有常住单位的生产总值，这与国内常住单位所有的生产性活动的生产总值概念不完全相同，这是因为有些常住单位的生产性活动可能发生在国外。相反，一些在国境内的生产活动有可能来自外籍劳工的临时性或季节性劳动。

GNI= GDP+ 本国居民从国外获得的报酬和财产性收入 – 外国居民从国内获得的报酬和财产性收入。

GDP与GNI的区别在于，衡量经济总量的角度有所不同。GDP是一个反映生产成果的概念，它从生产角度衡量一个国家或地区的经济总量，只要是本国领土内生产活动创造的增加值，无论是由内资企业还是外商投资企业创造的，均应计入本国的GDP。GNI是一个反映收入总量的概念，它从收入初次分配的角度衡量一个国家或地区的经济总量，即在GDP的基础上，扣除外国在本国的资本和劳务收入，加上本国从国外获得的资本和劳务收入。

国际社会对GDP和GNI这两个指标都非常重视，并根据分析目的的不同而分别使用。在分析各国的经济增长时，一般更关注GDP；在分析各国贫富差异程度时，一般更关注GNI或者人均GNI。例如，联合国、世界银行、国际货币基

金组织在评估各国经济总体表现时，一般都使用GDP或人均GDP。联合国则根据一个国家连续6年的GNI和人均GNI来决定该国的联合国常规会费，世界银行将人均GNI作为划分高收入、中等收入、低收入国家的标准。

因此，GDP和GNI这两个指标都有各自的用途。在反映生产成果、衡量经济增长时更多使用GDP，在分析收入水平和生活质量时更多使用GNI。由于GDP衡量的是"做蛋糕"的问题，GNI衡量的是"分蛋糕"的问题，把蛋糕做大是分蛋糕的基础，因而国际社会和经济学界对GDP更为关注。

表2　近年来我国GNI与GDP比较

年度	GNI（亿元）	GDP（亿元）	GNI与GDP之差 差额（亿元）	差率（%）
2010	410354	412119	−1765	−0.4
2011	483393	487940	−4547	−0.9
2012	537329	538580	−1251	−0.2
2013	588141	592963	−4822	−0.8
2014	644380	643563	817	0.1
2015	686256	688858	−2602	−0.4
2016	743408	746395	−2987	−0.4
2017	831381	832036	−655	−0.1
2018	914327	919281	−4954	−0.5
2019	988529	990865	−2336	−0.2

注：2019年为初步核算数。
资料来源：国家统计局。

2019年，国内生产总值接近100万亿元，稳居世界第2大经济体。在经济总量大幅提高的同时，人均国民总收入（GNI）也不断提升。2000年，我国人均GNI只有940美元，属于世界银行根据人均GNI划分的中等偏下收入国家行列；2010年，我国人均GNI达到4340美元，首次达到中等偏上收入国家标准；2019年，我国人均GNI进一步上升至10410美元，首次突破1万美元大关，高于中等偏上收入国家9074美元的平均水平。世界排名位次明显提升。2000年，在世界银行公布人均GNI数据的207个国家和地区中，我国排名仅为第141位；2019年，在公布数据的192个国家和地区中，我国上升至第71位，较2000年提高70位。[①] 2021年，我国人均国民总收入（GNI）达11890美元，较2012年增长1倍。在世界银行公布的人均GNI排名中，我国人均GNI由2012年的第112位上升到2021年的第68位，提升了44位。

表3 世界各收入组及主要国家人均国民总收入（GNI）

单位：美元

国　家	2012年	2019年	2020年	2021年
世界	10540	11577	11099	12070
高收入国家	42002	45605	43855	47904
中等收入国家	4501	5535	5334	5845
中等偏上收入国家	7570	9636	9399	10363
中等偏下收入国家	2059	2428	2281	2485
低收入国家	782	719	689	722
中　国	5910	10310	10530	11890
美　国	52790	65970	64140	70430
日　本	50060	42010	40810	42620
德　国	46560	49190	47520	51040
英　国	41940	43460	39970	45380
法　国	43410	42550	39500	43880
意大利	36220	34940	32380	35710
俄罗斯	13490	11280	10740	11600
巴　西	12300	9220	7800	7720

资料来源：世界银行WDI数据库。

为划分世界各经济体收入水平，世界银行于1978年在世界发展报告中首

---

① 张军：《从民生指标国际比较看全面建成小康社会成就》，《人民日报》2020年8月7日。

次发布了国家收入分类标准以及人均国民总收入（GNI）指标的国家排序数据。世界银行国家收入分类标准，是国际社会分析研究世界各经济体经济社会发展状况、发展趋势、发展水平和发展差距的重要工具，也是世界各经济体开展全球合作治理、做出行政决策和制定发展战略的重要统计依据。

世界银行按图表集法计算各经济体人均国民总收入（GNI），对世界各经济体经济发展水平进行分组。首先依据图表集法将各经济体以本币计算的人均GNI，换算为以美元计算的人均GNI，再依据当前收入阈值将189个世界银行成员国和28个人口超过3万的经济体划分为不同的收入分组。各收入分组的阈值。

在1989年初步设定，并依据通胀每年7月1日加以调整，收入分组在次年7月1日前仍保持不变，即使在此期间各国人均GNI进行了修正。

按照这一方法，世界银行把世界各经济体分成四组，即低收入、中等偏下收入、中等偏上收入和高收入。通常，中、低收入国家被称为发展中国家，高收入国家被称为发达国家。

表4 世界银行经济体收入分组标准（2019年）

单位：美元

经济体分组	划分标准（人均国民总收入）
低收入经济体	1035以下
中等偏下收入经济体	1036—4045
中等偏上收入经济体	4046—12535
高收入经济体	12536以上

资料来源：世界银行WDI数据库。

按世界银行最新公布的数据，2019年的人均国民总收入低于1035美元为低收入，在1036—4045美元之间为中等偏下收入，在4046—12535美元之间为中等偏上收入，高于12536美元为高收入。

如美国2019年人均GNI是65760美元，属于高收入国家；中国10410美元，属于中等偏上收入国家；印度 2130 美元，属于中等偏下收入国家；阿富汗 540美元，属于低收入国家。①

二、海外发展战略与经济通缩应对

日本海外投资拉动经验值得研究和借鉴。

在经济增长停滞和货币通缩条件下，有人把眼光投向日本曾经经历的"失去三十年"，开始聚焦研究日本资产负债表在收缩过程中的经历。

实际上，日本海外发展战略并非开始于20世纪80年代日本地产泡沫破灭，而是开始60年代。彼时日本已经先知先觉地在海外积极进行产业链布局，主要在东南亚、美国和欧洲。在日本境外，一个渗透全球的产业布局需要我们足够重视。只有充分了解日本海外生产的"影子"，我们才能客观评估"失去三十年"过程中为什么日本国内需求收缩，社会仍能保持稳定。

泡沫破灭之后，国内现实压力推动日本政府更加积极鼓励日资走向海外。1985年"广场协议"签署后，日元大幅升值，重创出口导向型的日本经济。1989年日本货币和财政政策收紧，戳破繁荣背后的泡沫。自此之后，日本经济停滞，物价下跌，陷入通缩。日本国内投资机会减少，企业盈利空间压缩，因此转向海外寻找机会。

《广场协议》签订之后日本推出"黑字环流"计划，标志着日本从"贸易立国"向"对外投资立国"转变。

20世纪90年代以后，日本企业海外与国内设备投资形成鲜明剪刀差。无论宏观经济还是微观经济，日本企业出海投资都扮演了极为重要的角色。我们可以通过6组数据观察日本海外投资角色如何重要：

第一，1996年至2022年，日本对外投资规模翻了8倍，日本对外投资规模

---

① 国家统计局：《世界银行如何划分各经济体收入水平》，https://www.stats.gov.cn/zs/tjws/tjbz/202301/t20230101_1903742.html。

存量已占日本2022年GDP的比重近50%，这一比重显著领先中国。

第二，日本GNI与GDP之间的差距日益扩大，目前日本海外收入占GDP约10%。具有类似GNI和GDP差距的国家，还有德国。

第三，2021年日本海外净资产规模占GDP比重约为75%，较1996年增长了三倍。

第四，1997财年日本海外子公司营业收入占总公司收入比重为37.5%，截止到2020财年，海外子公司营业收入已达到总公司营业收入的69.3%，占比近乎翻了一倍。

第五，早期主要是大中型企业开展海外投资，近期中小企业快速扩容。2000年，10亿日元规模以下企业占总出海企业的数量比重为43.4%，2020年这一比重上升至76.5%。

第六，随着时间推移，日本非制造业企业也大量出海。2008年金融危机之后，日本非制造业对外投资规模超过制造业，其中金融与保险业是非制造业对外投资的"领头羊"，依靠日元作为国际货币，日资的金融与保险业在全球金融市场发挥影响力。

出海投资让日本企业在海外扩张资产负债表，海外扩表有效对冲国内缩表，最终使日本在"失去的三十年"过程中依然保持令人惊讶的总量经济平衡与社会稳定。这是为何长达三十年国内经济处于通缩环境下，日本企业经营和居民就业都保持相对稳定。忽略掉日本海外扩表这一事实，我们或将错误评估日本国内需求收缩对经济的负面冲击，同时低估需求收缩对经济稳定性的挑战。[1]

三、"海外云南"发展战略的数学计算

2022年，云南省外贸进出口总额500.42亿美元，比上年增长2.8%。其中，

---

[1] 通过六组数据观察日本海外投资角色如何重要，https://xueqiu.com/4772100448/254834215。

出口总额241.39亿美元，下降11.7%；进口总额259.03亿美元，增长21.4%。全年全省新设外资企业342家，比上年增长1.5%。实际使用外资直接投资7.01亿美元。对外非金融类直接投资11.76亿美元，增长14.8%。[1]

从量上看，云南省进出口贸易额保持高速增长。从2012年的1325.9亿元到2021年的3143.8亿元，年均增速11%，成功实现3000亿元人民币、400亿美元的"两个突破"。其中，2020年云南外贸进出口增速排名全国第四位、出口增速排名全国第一位。从质上看，云南贸易结构持续优化。与2012年相比，2021年一般贸易进出口占比73.2%，提高19.5个百分点；边境贸易进出口占比13.2%，提高3个百分点；保税物流实现零的突破，占比2.9%；加工贸易范围从铜、锡等资源性产品拓展至高附加值的手机、笔记本电脑等智能设备；机电产品出口占比35.9%，提高19.3个百分点。

云南省贸易伙伴数量快速增长，从2012年的180个增长至2021年约200个国家和地区，其中东盟是云南省第一大贸易伙伴，进出口额占比45.9%；拉丁美洲是第二大市场，进出口额占比12%；欧洲是第三大市场，进出口额占比6%；2021年，随着高质量共建"一带一路"的深入推进，我省与"一带一路"国家贸易规模显著扩大，进出口额1810亿元，同比增长7.5%[2]。

如果引进国民总收入（GNI）概念。利用这个公式计算：

GNI= GDP+ 本国居民从国外获得的报酬和财产性收入 – 外国居民从国内获得的报酬和财产性收入。

则"海外云南"战略能够再造一个云南，也就是说，云南国民总收入（GNI）能增长一倍，这不是一个数字问题，而是一个战略问题。

---

[1] 云南年鉴2023：《对外贸易和引进外资》，https://www.yn.gov.cn/yngk/gk/201904/t20190403_96295.html。

[2] 云南日报：《云南外贸交出保稳提质答卷》，2022-09-30，https://www.yn.gov.cn/ztgg/jdbyyzzsjzydfxfyqj/gcls/yw/202209/t20220930_247977.html。

后　记

这是一介持有浓厚家国情怀的书生在世界经济形势复杂严峻之际，为云南地方经济增长开出的"书斋药方"。

2014年，我在广东外语外贸大学工作时，日本东京大学一教授来校访学，他向我谈起，日本早在20世纪60年代就开始积极布局海外产业链，并取得不俗成效，因此至今不担心国内经济不景气问题。那年，日本海外净资产3.0万亿美元，几近国内生产总值4.90万亿美元，甚是让人震惊！于是那时开始，"海外发展战略"进入我的研究视野。

2016年10月，我受惠于"云南省高层次人才引进计划"，到了云南省社会科学院、中国（昆明）南亚东南亚研究院工作，专门从事南亚东南亚方向的国际问题研究。

2017年4月，经我推荐，"'一带一路'视域下'海外云南'发展战略研究"进入《2017年度云南省哲学社会科学规划项目课题指南》，由于当年我有一国家哲学社会科学规划项目课题立项，失去申报省级课题资格，故与该课题失之交臂。至于有没有其他学者申报该题，不得而知。总之，最后课题立项名单公示时，没有此项，不能不说是一大遗憾。

2018年2月，我以决策咨询报告形式向云南省提出"'海外云南'发展战略"〔见《中国（昆明）南亚东南亚研究院要报》，2018年2月14日，第3期〕，提出了"海外云南"发展的四大战略——母国发展战略、飞地发展战略、联盟发展战略、代理人发展战略。

2020年，我又以"'海外云南'发展战略"为题，向云南省人才工作领导小组办公室申请"云南省高层次人才培养支持计划"（"文化名家"专项），9月份获得入选支持。于是"'海外云南'发展战略"研究得以正式实施。时云南省社会科学院将"边境经济学"列为重点学科发展方向，大大鼓舞了我在这个领域的研究。

在澳大利亚莫纳什大学商学院宋子疑同学（2022级金融学研究生）的积极参与和共同努力下，2023年年底，"'海外云南'发展战略"研究以《交易成本、制度结构、关系网络与经济增长——边境经济增长的跨学科分析》为题完成。此时，世界经济形势更加扑朔迷离，地区经济前景更加不明朗。而日本的GDP在2022年降至4.23亿美元时，其海外净资产余额却保持2.83万亿美元，与GDP比例大幅度上升，侧面证明了本研究重要意义。

云南人民出版社能够在很短时间将本研究成果纳入2024年度出版计划，并以最快速度出版，让读者能够在短时间内阅读本拙作，足见其领导和专家的远见和胆识，怎么感谢，均不为过。

要特别感谢的单位和个人还有：云南省社会科学院、中国（昆明）南亚东南亚研究院及其原院长何祖坤研究员、现院长杨正权研究员、副院长陈利君研究员，广东印太和平与发展研究院董事局主席熊韶辉博士，中国人民大学国际关系学院原副院长、广东印太和平与发展研究院院长李宝俊教授，云南大学国际关系研究院原副院长、广东印太和平与发展研究院执行院长赵伯乐教授，广东印太和平与发展研究院副院长陈斌博士、副秘书长辛一山教授，以及内子彭思梅老师。

学术研究之路，艰辛而寂寞，唯有坚强后盾和坚强意志，方可持续前行。幸好我生来只好这个、只会这个，哪怕穷困潦倒，倒也其乐融融。

学术研究之事，需要够安静的书桌，也要多视角的观点，祝愿我们一直拥有！

"苟利国家生死以，岂因福祸趋避之"。

宋海啸
2024年6月 于春城昆明